シュリ・シュリ・ラヴィ・シャンカール
アートオブリビング財団

ヨガ大聖者からの贈り物

幸せに生きる智慧

人生の様々な問題に対し、あなたが何か答えが欲しいならば、この本を開いてみてください。

答えを見つけることができるでしょう。

この本はどこから読んでもよいので、あなたが興味を引かれるところ、関心のあるところを、どうか自由に読んでください。

そして、次から次へと急いで読み進めるのではなく、むしろ聖書のように、できれば毎日、一日数話をじっくりと噛み締めてください。

ゆっくりと岩に水が染み入っていくように、真理をじっくりと心身に染み込ませて欲しいのです。

目次

2章

一つひとつの歩みが喜びにつながる
（言葉、感情、無知、行動に関する智慧）

3章

苦しみが消えて自由自在になれる
(欲望、判断、決断、人生に関する智慧)

4章

あなたは創造主の豊かな恩恵を浴びている（宇宙、神、真の自己（セルフ）、愛に関する智慧）

5章

この世界のために何ができるかを考える（神と信仰に関する智慧）

シュリ・シュリ・ラビ・シャンカール師による
スダルシャンクリヤ呼吸法……203

◎ストレスに有効で、さまざまな臓器や器官の働きを助け精神を落ち着かせる呼吸法
アートリビング財団

◎呼吸法と瞑想の効用

(1)ストレスを感じたり怒りを感じたりがなくなり精神的に安定した
モハン・ゴーパール

(2)私たちは守られていることを知り、人間には無限の可能性があることを知った
キールタナ・マリアパン

(3)リーマンショクの時救われ、もっと広い視野から物事を見られるようになった
キールタナ・マリアパン

❁全世界が注目するヨガの大家、シュリ・シュリ・ラヴィ・シャンカール師

シュリ・シュリ・ラヴィ・シャンカール師（以下、シュリ・シュリ師）は一九五六年、南インド・タミルナドゥ州に生まれました。

「インド独立の父」マハトマ・ガンジーを支えたスーダカール・チャトゥルヴェディ師の教えを幼少から受け、一七歳で現代科学とヴェーダ哲学の学位を修めています。

一九八二年、人道支援・教育支援に取り組む非営利の国際NGOとしてアートオブリビング財団を設立し、一九八六年には二九歳にしてインド首相より「ヨガ・シロマニ（悟りに達した崇高なる教師の意味）」の称号を受けています。

それから今日までヨガの大家、平和・人道活動家として、世界中の市井の人々から経済界のトップにいたるまで様々な働きかけを行い、「暴力やストレスのない社会」の実現に向けた取り組みを続けています。

毎年、シュリ・シュリ師自身が四〇カ国以上を訪れ、イラク、アフガニスタン、コソボ、スリランカ、中東など世界各地の紛争解決や、地震被災地などでの復興支援やトラウマ解消プログラム、刑務所での受刑者更生プログラムなど、多方面にわたる社会貢献活動を行っています。

特に紛争問題の解決においては、宗教や文化的背景に左右されず、「平和」の一点のみを停戦の調停や和解協議の議題とする中立的な存在として国際的に知られており、紛争地域で平和を願う人々の大きな希望となっています。

イラクやコートジボワール、カシミールやビハール州でも、敵対する当事者たちを交渉のテーブルへと向かわせ、南米コロンビアでは革命武装組織ＦＡＲＣのメンバーと対話し、五〇年にわたる内戦を終結へと導きました。

そのような献身的な活動は世界的にも評価され、アメリカ、ロシア、モンゴル、南米諸国などから、さまざまな名誉賞を授与され、二〇〇六年にはノーベル平和賞候補にもなりました。二〇一六年には、インドで民間人に送られるインド国勲章パドマ勲章の最高位である「Padma Vibhushan」を受賞しています。

また、国連ミレニアム平和サミットやNASA、世界経済フォーラム年次総会（ダボス会議）、欧州議会にも招かれ講演を行っています。

世界銀行グループをパートナーとした、世界中のビジネスリーダーを集めた国際会議「ビジネスにおける倫理のための世界フォーラム」の開催や、スイス・チューリッヒにある国際サッカー連盟FIFAを舞台にした国際会議「スポーツにおけるリーダーシップと倫理についての世界サミット」の開催にも力を注いでいます。

二〇一五年六月には、国際連合が制定した「国際ヨガDAY」第一回イベントにて、ニューヨークの国連本部で当時の事務総長はじめ国連職員に、インドのヨガ界を代表してヨガの指導を行いました。

まさに全世界が注目しているヨガの大家、インドの聖者なのです。

❀世界中に実践者が増えているヨガは智慧を学び心身を健康にしていくこと

ヨガは四〜五千年前に、現在のインドのあたりで生まれたと考えられています。日本でしたら縄文時代の教えがそのまま残っていて、今も脈々と伝えられているということになります。

その何千年も前の教えが海を越え全世界へと拡がり、今現在「ヨガは、様々なストレスを軽くしてくれる」と、世界各地で実践者が急増しています。

インドにおいても、ヨガは体から毒を出し、健康にするためのエクササイズとして使われますが、最も大切にされているのは「いかに人生を幸せに生きるか」という点です。体を健康にするだけではなく、智慧を学び心を健康にしていくことが、非常に重要とされているのです。

シュリ・シュリ師とアートオブリビング財団もまったく同じ考えで、「体が健康でも、心が健康でなければ本当の健康ではない」と心身両方の健康増進のため、ヨガの呼吸法・瞑想・生きる智慧（アートオブリビング）について熱心に指導しています。

「ヨガのすべての目的は、『真の自己（セルフ）』とひとつになることです。あなたという存在を統合し、あなたを完全なものにするための道がヨガなのです」とシュリ・シュリ師は語っています。

「真の自己（セルフ）」とは、簡単に説明すると、心ではなく「魂」という言葉が一番近いでしょう。この「魂」は神（宇宙）から授かったものであり、神（宇宙）とつながっています。

キリスト教、イスラム教はじめ様々な宗教が「私たちは神の子である」と教えます。神道においては「あらゆる生命は、神様の魂を分けていただいたもの」という考え方があり、これを「分け御魂《みたま》」と言っています。

すべて、本質的には同じことを示しているのです。

私たちの中にあるこの「魂」の本来の状態、「真の自己（セルフ）」をシュリ・シュリ師は「観照者」とも表現しています。

「ヨガというのは〝観照者〟の状態のことです。その状態、つまり〝観照者〟の本質でいることがヨガなのです」とも、シュリ・シュリ師は説明しています。

本書におけるシュリ・シュリ師の様々な言葉を反芻して、全世界が学んでいるヨガの真髄に触れてください。

1章

人生のすべての瞬間を尊重し敬意を持つこと

（幸せ、信念、崇拝、夢に関する智慧）

幸せというものは、ひとつの態度だといえます。
幸せな状態は、練習することで維持できるようになります。
まず、笑顔でいる！　と決意することから始めましょう。

不幸せでいることに慣れきっている人は、たとえ最高の状況を目の前にしても、文句や不安を口にするものです。

いつも不幸せでいると、筋肉や神経が緊張した状態で癖づいてしまいます。ますます体にコリやストレスが溜まり、どんなに良い環境や機会に恵まれようとも、不幸せだという思いが拭えなくなってしまうのです。

自分がすでに持っている物に不満を持ち、まだ持っていない物のことを思っても不満を抱くのです。

たとえば、もっと良い車が欲しいと不満を抱いたり、良い車があっても税金や違反切符、車検など維持していくことに頭を抱え、バスや電車に乗っていた頃の方が身軽でよかったと思ったり。文句の種はいくらでも見つけられます。

幸せというものは、ひとつの態度だといえます。

幸せな時は、笑顔が浮かび、顔や頭の筋肉、体全体がゆるみます。自然とリラックスし、自由や喜びが増えていきます。

この幸せな状態は、練習することで維持できるようになります。どんな状況下でも無条件に幸せでいることができるようになるのです。

「何が起ころうとも笑顔でいる！」とまず、あなた自身が決意することから始めましょう。どんな困難な状況でも、絶えず笑顔でいることができれば、それはあなたの強さになります。

あなたが何かを心配したり、執着したところで、すべてのものには必ず終わりが来るのです。

いずれにせよ、私たちはすべてを失っていくのです。ひとつずつを失うか、すべてを一度に失うかの違いだけで、失うことに変わりはないのです。親しい人を亡くした時には、自分の体でさえいつか失うのだという事実を思い出してください。

誰かが腹を立てていても、何かが上手くいっていないとしても、何も気に病むことなどありません。

あなたの心がもし今、何にも喜びを感じられないでいたとしても、少なくとも「今この瞬間」の呼吸を楽しんでください。

「今この瞬間」幸せでいるのだ、笑顔でいるのだ、と決意しましょう。

これは単に、幸せな気分作りをするということではありません。

「何があろうと幸せでいよう。たとえ嫌なことがあったとしても、幸せでいながらそれを通り抜けるのだ」という姿勢で生きることです。

そして、それはあなたに人生で比類なき幸せを与えてくれるのです。

どんなことにも敬意の気持ちを持ちましょう。敬意とは、感謝の気持ちを持ちながら、完全に「今この瞬間」に意識を向けることです。

私たちは、日々の生活のどんなことにも敬意や尊敬の気持ちを持って行わなければなりません。

しかし、私たちが普段、敬意や尊敬の念を抱くのは、短い期間に限られていることがほとんどです。私たちは同じことを長期間くり返し続けていると、次第に敬意や尊敬を失っていくという傾向にあります。

たとえば、舞台の準備をするという任務を任されたとします。一日目は細心の注意を払い、細かいところに至るまで敬意や尊敬の気持ちを込めて仕事を行うでしょう。しかし、それを毎日半年もの間続けたとしたら、どうでしょう。次第に気づきや配慮、丁寧さは失われ、初日と同じ気持ちではいられなくなるのです。ただ、こなすだけになってしまうのです。

初めて瞑想をした日に、とても良い体験があったとしましょう。それはあなたが敬意を持って瞑想に向かい、丁寧に行ったからです。

しかし、その後何度も回数を重ねるにつれ、飽きた気持ちから瞑想を行うようになるとどうでしょう。そうすると、もちろん初めての時のような効果を体験することはありません。

敬意とは何でしょう?

敬意とは、感謝の気持ちを持ちながら、完全に「今この瞬間」に意識を向けることです。

たとえば、山を見ているとします。あなたが心から完全に山を見ている時、あなたの頭の中のさまざまなおしゃべりは止まり、静かになります。

疑問や考えが浮かぶことなく、ただ山そのもの、あるがままを見て、幸せや感謝や感動の思いを感じているだけです。

山を讃える、まさに「尊敬」の状態にあるのです。

たとえば、ノーベル賞を受賞した人と対面したとします。尊敬する人や憧れの人を目の前にすると、あなたは賞賛や尊敬の気持ちでいっぱいになります。

その時、あなたの心は完全にその人と共にいる「今この瞬間」に集中しているのです。

このように、人生のすべての瞬間を尊重し、敬意を持つことは、とても大切なことなのです。

そうすると、あなたの人生そのものが修行の場となり、さらに味わい深いものとなっていきます。

無礼な振る舞いには微笑みを返すのです。相手の無礼を消化することができれば、何ものもあなたを揺るがすことはできません。

誰かがあなたに対して無礼な振る舞いをした時、あなたはどうしますか？

感情を害したり、イライラしたり。無礼さでやり返すか、相手を咎めたり、説教したり。その相手から逃げ去るか、それ以後そのような状況を避けたり。

それらの行為が、あなたを強くすることはありません。

では、取るべき選択はどういう行為でしょうか？

相手の無礼な振る舞いに、次のような光を当ててみるのです。

それは、その人のストレスと鈍感さのレベルを示している。

それは、その人の育ちを明らかにしている。

それは、その人の変わることのない行動パターンを示している。

それは、智慧の欠如を示している。

それは、あなたに避けるべき行為を示している。

それは、あなたに無礼さを歓迎し、吸収するチャンスを与えている。

それは、あなたの心を強くする。


次回、誰かがあなたに無礼であった時は、決して怒らないようにしなさい。

ただ、大きな微笑みを返すのです。

もし、あなたが相手の無礼を消化することができれば、何ものもあなたを揺るがすことはできません。

愚か者はあなたにフラストレーションか叡智を提供します。そして、その選択はあなた次第なのです。

この世界は相違で満ちているので、論争は避けがたいものです。我慢、忍耐、叡智によって、あなたは自分の道をうまく進んでいくことができます。

もし、あなたの周囲に愚か者がいるなら、それらの者によって、あなたはより賢くなることでしょう。

あなたの周囲にいる愚か者の数が多ければ多いほど、あなたはそれだけしっかりと自分の中心に留まることができるのです。

ですから、彼らを排除しようとしてはいけません。

ただし、あなたが自分の中心に留まっていないと、あなたは彼らを許容する辛抱強さを持つことができません。あなたがしっかり「真の自己（セルフ）」に留まっている時、愚か者はあなたに、物事の真実や真理をしっかりと捉えることができる力、すなわち本当の叡智をもたらすことが分かるでしょう。

彼らはあなたの反映であり、それ以外の何ものでもありません。

愚か者はあなたにフラストレーションか、あるいは叡智を提供しており、その選択はあなた次第なのです。

悪い人のことを考えないようにしましょう。
あなたが無視できないでいると、
あなた自身が不完全で欠点のある人になってしまいます。

悪いことをする人のことは、無視するようにしましょう。気に留めないことです。

もし誰かが真実でないことを言ったとしましょう。それに対して、ただ耳を貸さないでください。考える価値もありません。

しかし、私たちは普段日常生活の中で逆のことをしています。

善いことをしている人のことは考えませんが、悪いことをしている人たちのことは考え続けます。なかなか放ってはおけません。

新聞、週刊誌、テレビ等では連日、誰が殺人を犯したとか悪質な犯罪についてのニュースが溢れています。

もしあなたが、誰かが悪いことをしているのを目撃したら、教えてあげて、そして無視しましょう。思いやりを持って教育し、その後は気にしないことです。

あなたが無視できないでいると、そういう人たちの行動についてあれこれ考え込み、悩まされてしまいます。

誰かのことを不完全な、欠点のある人だと思い続けることで、あなた自身が不完全で欠点のある人になってしまいます。

そうして、彼らと同じところにまで落ちてしまいかねません。

人に向かって非難の指を向けている時、人差し指は相手を指し、三本の指（中指、薬指、小指）は自分に向かっています。あなた自身に三倍の責任があるということです。

けれど、自分や相手という区別をやめ、人差し指をたためば、親指だけが上を向き、あなたはただ昇っていきます。

あらゆる人との接触を絶ってみるのです。
すると、あなたの心は本来の状態へと戻っていきます。
多くの偉業が一人の時に生まれているのはこのためです。

とても不幸せで落ち込むような時、人と距離を置いて一人になり、他人との接触を断つことがありませんか？

これはとても自然な行動で、私たちの中に備わっているものです。人と身体的な距離を取ることで、私たちは自分の中にある「清らかさ」を、ある程度取り戻すことができるのです。

身体的距離だけでなく、精神的な接触を断つことでも、思考がより明瞭になり、脳や心がさらに鋭く集中できるようになります。自然と精神統一できるようになり、感覚器への制御力が高まります。

そして、あなたは「真の自己（セルフ）」に目覚めていくでしょう。

この世界の多くの偉業が、一人の時に生まれているのはこのためです。素晴らしい詩は、一人の時に生まれます。優れた画家は、絵を描く時は一人を好みます。

あなたも試してみてください。誰にも触れることなく、あらゆる接触を絶ってみるのです。すると、一日二日のうちにあなたの心は本来の状態へと戻っていくことでしょう。

これが、「清浄《しょうじょう》」の効果なのです。

呼吸法が、あなたの内なる輝きを見せてくれます。心が統一され、何かひとつのことに心を留めておくことができるようになります。良い呼吸法の後には、心がよりリアルになり、落ち着き、穏やかになります。

あなたは本来の自分から離れ、不自然に人生を過ごしていることで、呼吸も不自然になってしまっています。これを本来の自然な呼吸の仕方に戻すため、呼吸法（プラナーヤマ）があります。

呼吸の仕方を意識的に変えることで、自然な呼吸に戻すことができます。深く長く微かな呼吸にリズムをつけたり、同時に体の各部位に注意を向けながら呼吸を行うのです。

呼吸法（プラナーヤマ）は自然な呼吸に戻すだけではなく、光を覆っている雲を薄くしてくれます。光とは、あなたの「真の自己（セルフ）」です。

あなたに、あなた自身の内なる輝きを見せてくれるのです。

また、呼吸法（プラナーヤマ）を行うことで、心が統一され、何かひとつのことに心を留めておくことができるようになります。

そして、明確な意志を持って生きられるようになるのです。


たくさんの人々がただ雲のように流されているだけで、何の意志も持たずに生きています。しかし、呼吸法（プラナーヤマ）を重ねることで、心が明晰になり、意志や方向性を持つことができるようになるのです。

良い呼吸法（プラナーヤマ）の体験の後には、心がよりクリアになり、落ち着き、穏やかになります。このような落ち着きの中では、自然に瞑想にも入ることができるのです。

あなたの目覚めに応じて気づきがあります。
もし、あなたが目覚めていなければ、
最高に尊い智慧ですら意味をなしません。

あなたの目覚めの程度に応じて、あなたの周囲のあらゆるものが智慧をもたらします。

しかし、もし、あなたが目覚めていなければ、最高に尊い智慧ですら意味をなしません。

あなたの五感は窓と似ています。

目覚めていて、自分の意思で窓を開閉する能力がある時、あなたは自由で、智慧を得ることができます。

もし、あなたが窓を自在に開閉することができなければ、あなたは縛られていま す。
嵐の時には窓を閉める必要があります。さもなければ、濡れてしまいます。
しかし、暑くて中が息苦しい時には、窓を開けなければなりません。
気づきは、あなたが窓を開いたり、閉めたりする能力に依存するのです。

永遠に、常に学び続けましょう。智慧はあらゆるところから、やってきます。

あなたは永遠に学び続けるということを知りましょう。

誰のことも軽視しないでください。智慧はあらゆるところから、あなたの元にやってきます。

「あらゆる方角から、智慧が私のもとに流れてきますように」という古代からの言葉を覚えておきましょう。

物事を正しく行った時も、誤りを犯した時も、出来事ひとつひとつから学びます。どんな人々からも、何をすべきか、何をすべきでないか、人一人ひとりから学びます。この世界はあなたの先生なのです。

あなたが常に学びを求めていれば、他の人のことを過小評価しなくなるでしょう。あなたの人生に謙虚さがあらわれてくるでしょう。

どんな出来事も、どんな人も、多少なりと蜜をたたえているものです。蜜蜂のように、どんな出来事からも、どんな瞬間にも、ただ蜜を採り続けましょう。

知識と叡智は違うのです。無学の人でも、信ずるものを持っていれば、深い叡智を得ることになります。

科学では、まず知識を学び、それを信じます。

精神世界においては、信じることが先で、叡智は後からやってきます。

たとえば、殺虫剤や化学肥料が科学によってもたらされた時、人々はそれらを信じ、世界中で使われました。

しかし、後に殺虫剤や化学肥料が良くないものだという認識が出てきて、人々は有機農業を信じるようになりました。

抗生物質についても、同じことが言えます。

ある特定の知識は信頼をもたらします。しかし、その知識が変われば、人々の信じるものも変わっていきます。

科学において知識や信頼は、開花した生命の叡智からではなく、独立した「現象」から発生するのです。

精神世界の領域では、信じることが先で、叡智は後からやってきます。

たとえば、信念を持って「瞑想」を行っていれば、意識についての叡智がついてくるでしょう。信念を持って「呼吸法」を行っていれば、「プラーナ（生命エネルギー）」についての叡智がついてくるでしょう。

無学の人でも、信ずるものを持っていれば、深い叡智を得ることになります。

科学では、人間でさえ、物質とみなします。

精神世界では、地球は母として映り、川や山も生きた存在となります。

智慧はあなたを解放するものです。
智慧があなたを解放しなければ、
それは足かせです。

もし智慧があなたから無邪気さを奪い去るなら、それは足かせです。
もし智慧があなたに自分は特別な人間だと思わせるなら、それは足かせです。
もし智慧があなたに自分は賢い人間だと思わせるなら、それは足かせです。
もし智慧が人生の中で生かされなければ、それは足かせです。
もし智慧があなたに喜びをもたらさなければ、それは足かせです。
もし智慧があなたを解放しなければ、それは足かせです。

昔から人間は同じ空気を吸ってきました。すべてはリサイクルされています。リサイクルによって、清浄さ、清潔さがもたらされます。智慧はすべてを新鮮に保ちます。

ここにあるものすべてはリサイクルされています。地球の年齢は非常に古く、アルプス、水、空気は太古の昔から存在しています。昔から人間は同じ空気を吸ってきました。あなたもリサイクルされています。あなたの身体のすべての分子は古くなり、リサイクルされます。思考や感情、心（マインド）もリサイクルされます。

ここにあるものすべてはリサイクルされた物質であることに気づいてください。

そして、すべてはもと来た場所へ戻っていきます。リサイクルによって、清浄さ、清潔さがもたらされます。

智慧は心（マインド）を清浄な状態に戻し、リサイクルします。

智慧はすべてを新鮮に保ちます。


世界の「二元性」が恐れや不安の根元です。

これをするべきだろうか、あちらをするべきだろうかと悩み、分裂した心が不幸を生むのです。

ですから、あなたはひとつの原理だけを見続けるようにしましょう。


私たちの心が問題を起こすのは、この世界が「二元性」という、相反するものの中で成り立っているからなのです。

たとえば、何か選択に迫られている時、これをするべきだろうか、それともあちらをするべきだろうかと悩み、心は振り回されます。この分裂した心が不幸を生むのです。けれど、ひとつにまとまった心は喜びを生みます。

思い出してみてください。とても幸せに感じている時、あなたの心はまとまり、ひとつになっていませんでしたか。

心がまとまり完全になる時、私たちは喜びや平安、至福を体験します。そして、それはあなたが完全に生きている時なのです。

「二元性」や分裂した心は、恐れや不安の根元です。ですから、あなたはひとつの原理だけを見続けるようにしましょう。

何でも構いません。神、物質、グル（師）、「真の自己（セルフ）」……、どれでも良いのです。

疑いを持っている時、あなたはとても弱くなり、怯《おび》え、不安定な状態になります。何かを信じることで強くなれるのです。

何かを信じることで、あなたの心は安定し、落ち着きます。そして、強くなることができるのです。

信念は、さまざまな方向へと走り散らばっている心の欠片《かけら》や人格を統合してくれます。何かを信じることで、あなたの意識が濃密にまとまり安定していくのです。

一方で、疑いを持っている時、あなたはとても弱くなり、怯《おび》え、不安定な状態になります。疑いは、あなたのエネルギーをばらばらに拡散させ、あなたを壊してしまいます。

信念がある時、あなたの意識の質が変わります。エネルギーがまとまると、私たちは強く安定した感覚を体験するでしょう。

キリストが「信仰はあなたの強さだ」と言っているのは、このことなのです。

信念は強さの表れです。強く勇敢な時、あなたは信じることができます。

反対に、自分を弱く感じる時、あなたは疑いを持つようになります。疑いや不安は弱さの表れです。

人生には崇拝するものが必要です。崇拝は弱さではなく、成熟の表れです。崇拝は愛と感謝の極致なのです。

人が人生の中で向上していくためには、崇拝や崇敬の対象となるような理想が必要です。

前世紀には、崇拝は奴隷的精神から生まれる、野蛮で愚かな行為と考えられているところがありました。実際はまったく反対で、崇拝は従属ではなく、感謝を通じてのみ湧き起こるものです。

崇拝は弱さではなく、成熟の表れです。崇拝においては、愛、名誉、尊敬、そして一体感がすべて一緒にもたらされます。

崇拝は愛と感謝の極致です。崇拝は、愛が憎悪や嫉妬に変わったり、他を賞賛することで自尊心が弱まったりすることを防ぎます。

人生において崇拝するもの、崇敬するものが何もない人は、消極的な気持ちでいっぱいになり、間違いなく憂鬱に陥ります。

ですから、昔の人は太陽や月、山や川、植物や動物、それに人々への崇拝を奨励しました。そして、崇拝によって自尊心が弱まらないよう、崇拝の対象との一体感を感じるべきだと強調したのです。

人生はどれだけ真剣に関わるかということにかかっています。いろいろなことに真剣に関われば関わるほど、より大きなエネルギーを得て目的を達成できますし、物事は簡単に進んでいきます。

川は水の流れの方向が決まっていますが、洪水になるとその方向がなくなります。同じように、私たちの生命エネルギーにも、流れるための方向づけが必要なのです。もし方向を与えなければ、すべて混乱してしまいます。

今日、人生の方向性が無いために、多くの人たちが混乱しています。

あなたが幸せな気分でいる時、あなたの内側は生命力で溢れています。でも、そのエネルギーがどこへ行ったら良いのか、どのように進めば良いのか分からなければ、行き詰まってしまいます。

生命力が停滞すると、腐ってしまうのです。生命力をある方向へと進ませるためには、真剣に取り組むことが欠かせません。

人生はどれだけ真剣に関わるかということにかかっています。いろいろなことに真剣に関われば関わるほど、より大きなエネルギーを得て目的を達成できますし、物事は簡単に進んでいきます。

真剣ではない関わりが、あなたの息を詰まらせてしまいます。なぜなら、あなたはもっと大きな器を持っているのに、小さな穴にはまり込んで抜け出せなくなってしまうからです。より多くのことに真剣に関わるべきなのです。

たとえば、やるべきことが一〇個ある時は、ひとつがうまくいかなかったとしても、あなたはその一〇のことをやり続けることができるでしょう。うまくいかなかったことも、自然に正しい状態になるでしょう。ところが、もしひとつのことしかすることがなく、それがうまくいかなければ、身動きがとれなくなってしまいます。

よく私たちは、十分な資質を持ってから真剣に取り組むと考えますが、より真剣に取り組むと、より多くの素晴らしい資質がもたらされるのです。どんなことであれ責任を持って取り組むことは、あなたに強さをもたらします。
たとえば、もしあなたが家族に責任を持つと決めたら、家族はあなたを支えてくれます。社会に責任を持つと決めたら、社会からの支持を得ます。責任を持った真剣な取り組みというものは、長い目で見ると常に心地良さをもたらすのです。

あなたは理性によって分別と堅実さを保っていますが、奇跡は信念なしに起こりえません。信念と理念はまったく相反するものですが、バランスをとることが必要です。

信念を持たずにいるのは、それ自体が惨めなことです。信念は即座に心地良さをもたらします。

あなたは理性によって分別と堅実さを保っていますが、奇跡は信念なしに起こりえないのです。

信念は、あなたを限界の向こうに連れて行きます。信念の中で、あなたは自然の法則を超越します。しかし、そのためには純粋でいなければなりません。信念は理性を超えますが、あなた自身の論法に信念を持つ必要があります。

信念と理性は、どちらか一方だけでは存在できません。誰の理性も、何らかの信念に基づいているものです。

理性は日常であり、繰り返しです。信念は冒険であり、探求です。

信念と理性はまったく相反するものですが、どちらも人生には欠かせません。

信念と理性のバランスをとることが必要です。

理性や信念が崩れる時は、常に混乱と混沌が勢力を振るいますが、大抵これは成長へのステップとなるのです。

無感動になるのは、あなたが人生の根源から遠ざかっている時です。神と繋がると情熱的になります。

情熱とは何でしょう？

情熱的だということは、心の中で神と繋がっているということです。あなたがそうした「根源」と共にあれば、あなたは情熱的にならざるをえないのです。心がすっかり「今、この瞬間」にある時には、情熱的になる以外ないのです。一方、無感動になるのは、あなたが人生の根源から遠ざかっている時です。

無感動と、冷静は違います。

冷静な状態とは、ただより現実を見通す力が広いということです。冷静さは「根源」へと向かう旅であり、熱意の貯水池です。

冷静と情熱の共存、それは情熱が永続し、冷静さが深遠さを保つ秘訣です。冷静と情熱は相反しているように見えて、実によく補い合っているのです。

祝福されているという感覚は、いかなる失敗をも乗り越える助けとなります。すべての成功の陰には「私がついているよ」と支えてくれる聖なる存在があるのです。

成功について、たくさんのことが語られています。

あなたは今まで成功ということについて考えてみたことがありますか？

コップ一杯の水を飲むのに「成功した」とは言いません。なぜなら、それはあなたの能力として当たり前のことだからです。

しかし、自分の認識する限界を超える何かをした時、あなたは成功したと言います。成功したと感じるなら、それはあなたが自分自身を過小評価していたことを意味します。

自分に限界があるとみなすことは、自分を過小評価することです。あなたの達成はすべて、あなた自身より小さなものなのです。

落ち着いた静かな心の状態で、多くの可能性について考えましょう。


実は、人生に失敗などありません。失敗のように思われるものすべてが、さらなる成功へのステップに過ぎないのです。

そして、もし困難がありすぎると感じるのであれば、深い祈りによって奇跡がもたらされるでしょう。

「私は祝福されている」という感覚は、いかなる失敗をも乗り越える助けとなります。

すべての成功の陰には、「私がついているよ」と支えてくれる聖なる存在があるのです。

神はあなたが果たせない責任を与えません。あなたに責任があるのは、あなたができることに対してだけです。自分の能力について知らないということは、あなたを成長させます。

神は、あなたが果たせないような責任は決してあなたに与えません。このことを常に心に留めておいてください。

あなたが医者ではないとしたら、誰もあなたに治療を望みません。あなたが電気技師でないとしたら、誰もあなたに配線の修理を頼まないでしょう。

あなたに責任があるのは、あなたができることに対してだけです。

そして、あなたは自分に何ができるか知りません。そのことを常に受け入れましょう。自分の能力について知らないということは、あなたを成長させます。

自分に何ができるか分かった時、あなたは何かをなし、前進することができます。ところが、自分には何ができないか分からないでいると、あなたはもっとうまくやることができたり、もっと大躍進できることがあるのです。

真っ直ぐ素直で、力強い意識の状態が、真実なのです。真実を貫いている人には成功は容易についてくるのです。

インドには、「真実だけが勝利を収める」という格言があります。すぐに勝利したように見えないことがあったとしても、最終的には真実が必ず勝つのです。真実を貫いている人には、成功は容易についてくるのです。たとえ失敗することがあっても、挫《くじ》けることがありません。そして、必ず良い結果を勝ち取ります。

あなたが真実に生き始めれば、あなたの行うことはすべて実りあるものとなるでしょう。

真実の道に揺らぐことなく生き、「真実の意識」を内に持っていれば、何をしてもすぐにその行動の成果が現れてくるのです。行動そのものが成功になるのです。

真実というものは、言葉ではありません。それは正直な意識の質なのです。

しかし、たとえあなたが嘘をついたとしても、嘘をついたと告白できる勇気を持っていたとしたら、あなたは真実を話していることになります。

偽る時には、あなたの意識には揺らぎが起こります。偽りがあると、あなたの意識から強さがなくなるのです。

真っ直ぐ素直で、力強い意識の状態が、真実なのです。自分の心や生に、正直で誠実であることです。

すべての発明は、夢が形になったものなのです。
大きな夢を持ち、大きなことを考える自由を自分に与えましょう。
そして、素晴らしい夢を達成するための勇気と決意を持ってください。

夢を持たなければ、それを実現することはできません。すべての発明は、夢が形になったものなのです。

不可能なことを夢見ましょう。

夢見ることとは、あなたが自覚している以上の能力を使います。

私たちは、何か素晴らしく特別なことをするために、この世界に生まれてきました。その機会を見過ごさないでください。

大きな夢を持ち、大きなことを考える自由を自分自身に与えましょう。

そして、素晴らしい夢を達成するための勇気と決意を持ってください。しばしば、大きな夢を見た人々は馬鹿にされましたが、それでも彼らは夢を達成するために強くあり続けたのです。

創造的なことを行いましょう。創造的なことをしないままに、時を過ごしてはなりません。

人生はまさに無常です。悟ってください。人生があなたを脱落させる前に、「人生は夢か重荷かジョークである」ということを。

幸せな時はよく「人生は夢のようだ」と感じるものですが、不幸な状況に対処しぬいたことを実感した時も「人生は夢なのだ」と知るのです。

喜びと苦しみの狭間で、人生はすべてジョークとなるのです。

人生はまさに無常です。

人生があなたを脱落させる前に、「人生は夢か重荷かジョークである」ということを悟ってください。

夢を見ていると自覚すれば、あなたは目覚めます。

重荷は、あなたに深みをもたらし、あなたを心の奥底まで連れて行きます。

人生をジョークとして見れば、軽快になります。

「人生は夢か重荷かジョークである」と気づいた時に、あなたは調和がとれるのです。

アートオブリビング財団は世界最大規模のボランティア組織

シュリ・シュリ・ラヴィ・シャンカール師（以下、シュリ・シュリ師）が、人道支援・教育支援に取り組む非営利の国際ＮＧＯとして、一九八二年に創設したのがアートオブリビング財団です。

現在、全世界で五億人以上の人々が関わる、世界最大規模のボランティア組織として日本を含む世界一五七カ国で、ヨガ・呼吸法・瞑想の各種ワークショップや社会貢献活動を行っています。

「暴力やストレスのない平和な社会を創るためには、まず自分自身の中のストレスや緊張を取り除くことが必要」というシュリ・シュリ師の理念のもと、アートオブリビング財団は、心身を深くリラックスさせ、自己が本来持つ力をさらに発揮させるための各種プログラムを開催しています。

インドのバンガロールにあるアートオブリビング財団本部には、理想郷とも言える光景が広がっています。

広大な敷地内に、数万人が集えるイベント会場が三つ以上あり、修行場や宿泊施設、レストラン、アーユルヴェーダ（インドの伝統的医学）を体験する施設等も併設されています。

その近くには食品廃棄物等を有効利用した循環型の昔ながらの農場や、ストレスを与えることなく牛たちを育てている牧場があり、他にも、失われつつあるインドの伝統的な宗教儀式を教える学校や、西洋医学と東洋医学（アーユルヴェーダ他）の診療が行われている広大な総合病院も隣接しています。

バンガロール以外でもアートオブリビング財団は、インド各地で貧しい子供達のための学校を四〇〇校以上運営しています。

また、西洋だけでなく東洋の叡智も学べる広大な大学や、貧しい人々に安価な良い生活必需品を供給するための工場、ゴーバガス（牛の糞や生ごみを燃料とするガス）の発電所も経営しています。

アートオブリビング財団では老若男女、人種の壁もなく、誰もが友達感覚で、そして皆、健康的で生き生きとしています。

まさに「持続可能な社会」を追及しているのです。

「全世界の皆を笑顔にしたい」という シュリ・シュリ先生の夢が全世界へと広がっています

アートオブリビング・ジャパン代表理事
モハン・ゴーパール

アートオブリビングが活動を始めて三八年になりますが、最初は数名からスタートし、今では世界一五七カ国で五億人を超える人々がこの活動に関わっています。それはとても不思議なことで、この流れは何か綿密なプランや投資されてできたものではなく、ごく自然とそうなったものです。

普通でしたら、我々は日常的にいろいろな計画を立てます。仕事であっても、朝から晩までいろいろな計画を立てることを良しとしています。

しかし、そういうことはまったくなく、ごくシンプルに自然的にアートオブリビングの活動は全世界へと広がりました。

最初からシュリ・シュリ先生（シュリ・シュリ・ラビ・シャンカール師）の大きな夢「世界の全ての人々の顔に消えない笑顔を浮かべさせたい」ということ、それだけでした。

私がお手伝いするようになって二四年になるのですが、当時インド・バンガロールの本部で瞑想を体験する上級コースに初めて参加した時、参加者は数百人でした。今、シュリ・シュリ先生が上級コースを行うと数万人が集まります。

今では本部も広くなって、様々な設備ができていて、本部以外にもいろいろな奉仕活動の場もできています。例えばインド各地の学校も無い田舎に、四〇〇以上の学校もつくりました。制服やテキスト等すべて用意し、子供を学校へ行かせるために親もサポートして就職できるスキルを教えたりしています。

また、オーガニックな農家を運営したり、サポートしたりもしています。インド各地の、汚染された川を綺麗にするプロジェクトも行っています。

海外でも、南米等の刑務所で更生サポートのプログラムがあります。シュリ・シュリ先生から見ると、無知のせいで間違った行動を起こす人はいても、この世に悪い人間はいないのです。人は基本的に悪いものではないのです。だから、刑務所にいる人にも呼吸法を教えれば心変わりし、良い社会人に戻れるだろうと試みています。

また、世界の平和のため、パレスチナ、イラク、コソボ等、様々な紛争地帯を訪れ、暴力ではなく、冷静に対話して問題解決しようというアプローチもしています。数年前も、南米コロンビア政府と革命武装組織のメンバーと対話し、平和のためシュリ・シュリ先生はものすごく努力しています。

両方に呼吸法等を教え、打ち合わせに入る前に呼吸法、瞑想を体験してもらい、五〇年にわたる内戦を終結へと導きました。

他にも、世界各地の文化のサポートをしています。「世界中の文化は宝物であり、一つ文化が消えても、それは悲しいことなのです」とシュリ・シュリ先生は言います。

そのように様々な形で、いろいろなレベルで、アートオブリビングは社会をサポートしています。今では世界中で五億人を超える人々がこの活動に関わっているのです。

「皆が幸せになれば良いんじゃないですか」と、シュリ・シュリ先生は考えているだけです

どうして、シュリ・シュリ先生（シュリ・シュリ・ラビ・シャンカール師）は毎年、ハードなスケジュールで世界各地を周り、たくさんの人々と会ったり、いろいろな講演をしているのか。それは、シュリ・シュリ先生がいらっしゃるだけで幸せになれるから、世界中の人々から求められています。

私もシュリ・シュリ先生の側にいる時は、自動的に心配事とかが無くなるのです。いろいろな問題や苦しいことを抱えていても、一緒にいるだけで心が落ち着き、安定し、冷静になります。そして、自分の中に自然に喜び、楽しさが発生し

てくるのです。

お釈迦様は一体どんな人だったのだろうと想像することがありますが、おそらくシュリ・シュリ先生のような感じではないかと思うのです。

何も言わなくても、一緒にいるだけで人々が幸せになれる。人々からイライラがなくなる。沈黙だけで、人々が笑顔になれる。そういう不思議な存在なのです。それは感じることです。

ですから、皆に求められて、シュリ・シュリ先生は自分の体のことも考えず、世界中を飛び回っているのです。

「なぜ、それだけのことをやっているのですか?」と質問しても、シュリ・シュリ先生は「皆、幸せになれば良いんじゃないですか」と答えるだけです。

先生は他の人に対して何にも期待はないですし、「幸せになってください」しかないのです。

シュリ・シュリ先生の基本にある考え方は、

「人間は皆、良い人です。しかし、ストレスがあるから悪いことをやってしまう。ストレスがあるから、イライラしたり、鬱病になったりする。幸せから離れてしまうのは、ストレスがあるから」

では、どうやってそのストレスを取り除くのか？

そのために呼吸法や瞑想、生きる智慧があるのです。

人間は皆、幸せになりたい、と誰もが同じように望んでいます。「幸せになりたいですか？」と世界中のどこで誰に聞いても、誰も「いいえ」とは答えないでしょう。

シュリ・シュリ先生は、暴力の無い社会、病気の無い身体、混乱の無いマインド、抵抗の無い知性、トラウマの無い記憶、悲しみの無い魂、これは人類の権利だと言います。

いつでも誰もが満たされる、アートオブリビング本部の大食堂

インド・バンガロールのアートオブリビング本部にある大食堂は、誰でも無料で自由に食事が摂れます。

そして、とても不思議なことですが、毎日何人がご飯を食べるのかわからなくても、何人来ても、皆がちゃんと食べられるようになっています。

例えば、九～一〇月の一〇日間にわたるナヴラトリ祭の時には毎日、何万人もの人々が訪れます。それでも、皆が食事できるようになっています。食堂で働いている人々は皆、ボランティアでやっています。

これは、論理的にはなかなか考えられないことですね。

例えば、大きなホテルではいろいろなビジネスプランを立て、論理的にコスト計算してやっていますし、普通の社会ではそうでしょう。しかし、本部の大食堂

では一切そういうことはなく、それでもどんな時でも毎日三食しっかり皆に提供できていることはすごいことです。出される食べ物はシンプルですけれど、とてもヘルシーで、美味しいのです。

すべてが、存在の一〇〇パーセント純粋さから発生することですね。人々の中から自然に発生するモチベーション、それは非常にパワフルです。「愛」と言ってもいいし、そのパワー、エネルギーはすごいと思います。やはり、すべての根本にあるのがシュリ・シュリ先生の存在感ではないかと思います。

このように、誰が来てもいつも食事があるというのは、昔のインドの「おもてなし」の心です。事前に連絡して来るのではなく、いつ何人来ても、あるものを用意します。経済状況とか、どこまで準備できるかも関係なく、ご飯時に誰か家に来たら、いっしょに食事します、というがインドの「おもてなし」だったのです。

バンガロールの本部近くには、ヒンズー教や仏教等の特別な教えを学ぶための学校もあります。大昔の伝統的な儀式や教えを伝える学校です。

人間は幸せに生きていくため、元気に生きていくため、たくさんの智慧や知識を生んでいます。伝統な智慧には宝物がいっぱいあります。それらを守っていかなければなりません。

世界中どこでも、それぞれの伝統的な良いところは守っていくべきということも、シュリ・シュリ先生の教えなのです。

2章

一つひとつの歩みが喜びにつながる

（言葉、感情、無知、行動に関する智慧）

ストレスから解放された心と病気のない身体は、誰しも生まれながらに持っている権利です。呼吸法や瞑想、ヨガは今この瞬間を完全に生きることを可能にしてくれます。

私たちは第一に神聖な存在の一部であり、次に人間であるという叡智を明らかにするために、スピリチュアルな教育が必要とされています。

今日、テクノロジーは大いに進歩しましたが、私たちは人々の感情や精神に必要とされているものには、ほとんど関心を払ってきませんでした。

家庭でも学校でも、私たちはネガティブな感情を取り除く方法を教わることはありませんでした。

私たちは過去を悔やんだり、未来を心配したり、あるいはネガティブなものにとらわれています。

ストレスから解放された心と病気のない身体は、誰しも生まれながらに持っている権利です。真のスピリチュアルな叡智こそが、私たちに心との向き合い方を教え、今というこの瞬間に連れ戻してくれます。

呼吸法や瞑想、そしてヨガは、緊張やネガティブな感情を取り除き、今この瞬間を完全に生きることを可能にしてくれます。

真実は、言葉を必要としないのです。言葉の無力さに気づくと、人生はより深いものになります。言葉を超えたものを見つめ、語りましょう。

私たちは一日中、言葉に囲まれて生活しています。すべてのことに言葉で意味をつけ、目的を求めてしまいます。

でも、意味や目的を探し回っていると、大切なことを見失ってしまいます。言葉を人生の基盤にすると、私たちの人生は表面的なものになってしまいます。

愛も、感謝も、友情も、本当の美も、人生でとても大切なものは、言葉で表すことはできません。真実は、言葉を必要としないのです。

また、言葉の意味は時の流れと共に変わります。

たとえば、「洗脳」の意味は本来、脳と心をきれいに洗うことです。ところが今では、「洗脳」とは人の品位を落とすような意味で用いられています。

「幻滅」という言葉にしても本来は、幻が滅ぶこと。幻想から覚めて現実に戻るのは良いことなのに、今ではそのような意味では使われていません。

このように、時の流れによっても変わっていく言葉にとらわれないでください。

言葉の無力さに気づくと、私たちの人生はより深いものになります。

たとえば親友や恋人と一緒にいるとき、何も話さなくても喜びを分かち合うことができるはずです。

お互いが理解し合うために必要なのは、言葉ではなくて沈黙なのです。

沈黙の中で心を通わせれば、私たちはより親密にコミュニケーションを取ることができます。沈黙を知らずに生きているということは、人生の本当に美しいものに気づいていないということです。

言葉にとらわれないでください。あなたの苦悩や不安は、言葉に過ぎません。あなたの抱く概念は言葉なのです。

言葉を超えたものを見つめ、語りましょう。そうすれば、人生に嘘がなくなります。

言葉を頼ること、それは「無知」です。

言葉を超えると、それは叡智です。叡智はまさしく存在そのものであり、すべての言葉の本質なのです。

あなたの言葉は、相手に捧げる花のようにもなることができますし、誰かを刺すナイフになることもできるのです。優しく心地良い言葉を選んで話しましょう。

誰かと話す時、相手の心を騒がせる言葉を話していませんか？

別れた後、相手が楽になったり穏やかになるような言葉ではなく、怒りや嫉妬、欲望、失望や落胆を感じさせるような話をしていませんか？

口さえ閉じればもっと良い人なのに、ということが往々にしてあります。黙ってさえいれば、魅力的で人当たりの良い人なのに、口を開いたら何を言い出すのか本人にも分からない、という人は多くいます。

自分の言葉をコントロールできておらず、その言葉が相手にどんな影響を与えるのか、どれだけ鋭いナイフになり得るのか気づいていません。ただ思いつくままに話しています。

あなたの言葉は、相手に捧げる花のようにもなることができますし、誰かを刺すナイフになることもできるのです。

人の心を悪い方に騒がすことのない言葉で話しましょう。優しく心地良い言葉を選んで、真実を話すのです。

たとえば、目の見えない人のことを「盲目の人」と呼ぶこともできますが、サンスクリット語には「プラッギャーチュクシュ（意識の目で見る人）」という呼び方もあります。サンスクリット語ではこのように、より優しい表現で話す例がたくさんあるのです。

言葉には、人を祝福する力もあると同時に、呪いをかける力もあります。そして、悪い言葉を使うことで、それはあなたに跳ね返ってくることとなるのです。

苦しみの原因は「無知」のせいです。「無知」とは、大切にする価値などないものを大切だと思い込んでいることです。楽しくないものを楽しいと思い、汚れたものを純粋なものだと思い込んでいることです。

苦しみの原因の大きな一つが、「無知」です。

今あなたがもし苦しんでいるとしたら、それは「無知」のせいではないでしょうか。あなたの意識が「無知」な状態にある時、心が不穏な状態になり、不幸せな感覚や苦しみが訪れます。

では、「無知」とは何でしょう?

「無知」とは、大切にする価値などないものを大切だと思い込んでいることです。

楽しくないものを楽しいと思い、汚れたものを純粋なものだと思い込んでいることです。変わりゆくものを永遠に続くものだと勘違いすることです。

たとえば、誰かが何か嫌なことを言ってきたとしましょう。それは誰かの口から発せられ、もう今は消えていった、ただの言葉にすぎません。

しかし、私たちはそれを永遠に有効な言葉かのように捉え、いつまでも気にしてしまうことがあります。これは「無知」のせいなのです。

人の意見は、その人の中に浮かんだ単なる思考の波にすぎず、時間が経てば変わっていくものです。けれど、あなたは他人から言われた評価を、それが真実でない場合でさえ、心にずっと持ち続けてしまうことがあります。これは「無知」の一つの例です。

私たちの意識から「無知」を取り除き、不幸の捕われから解放されなければなりません。

私たちは人の気持ちが自分の思い通りになるようにと、どこかで望んでいますが、それは不可能なことです。「こうあるべきだ」という「無知」があなたを不幸にします。

あなたは、考えでも、感情でもありません。しかし、時折私たちは、自分の考えや感情を自分そのものかのように思い込むことがあります。

頑固に自分の意見にしがみつき、事実でないことを無意味に言い争う人がいます。このように頑固になってしまうのは、自分の考えや知識をまるで自分そのものかのように思い、「私の」考え、「私の」立場に固執しているからです。

しかし、人の心は変わっていくものなのです。

私たちは人の気持ちが自分の思い通りになるようにとも、どこかで望んでいますが、それは不可能なことです。

昨日あなたを愛した人が、今日も明日も愛してくれるとは限りません。気持ちがどう変わっていくかは本人でも分からないことです。このような不可能を望むのは、「無知」のせいなのです。


また、私たちはいつも他人の振る舞いに対して、こうあるべきだ、こう動いてほしい、などと思いを抱きます。そして、自分の希望から外れた態度を取られると、たちまち嫌な気持ちになり、怒り、落ち込むのです。

多くの人が、自分の振る舞いは完璧でないにもかかわらず、他人には理想を望み、自分は無条件に愛されたいと願っています。

あなたを無条件に愛してくれる人は百万人に一人いるかどうかでしょう。それでも、あなたは周りの人すべてに愛されることを望んでいます。そして、その期待があなたをさらに不幸せにしているのです。

人は、自分が何を期待しているのか自覚しないで、周囲にこのような大きな期待を抱くことがあります。あなたはこのように周りの人たちに、聖者のような完璧な振る舞いや愛を求めているのです。

「こうあるべきだ」というあなた自身の概念が、あなた自身を不幸せにします。

不平をこぼすことは弱さの表れで、「無知」の本質です。不平は、あなたの中にある生まれながらの美を奪ってしまいます。

不満の種を正したり、不満に対して行動したりできない人には、不平を言う権利はありません。それができる人は、決して不平を言わないでしょう。

不平をこぼすことは弱さの表れです。不平とは、本来の自己を知らないという、まったくの「無知」の本質です。

不平をこぼす心は世俗的な心であり、解決を模索せず、ただ不平だけを言うのは無責任です。不平は、あなたの中にある生まれながらの美を奪ってしまいます。

しかし、心に不満がなく、責任をわきまえ、勇気があり、自信に満ちている時、あなたは説明しがたいほど美しくなります。

神の心は、踊る心なのです。


心に飲み込まれているのが「無知」な状態です。

自分と、自分の心が一緒になって、違いが分からなくなっているのです。

意識が高く、気づきのある状態の時は、心の声を聞き分けられます。


時折、私たちは自分が本当に望むものが何なのか分からなくなることがあります。

本当の自分の望みと、心のおしゃべりとを区別することができなくなるのは、「無知」な状態にあるからです。

周りの状況に完全にのめり込んでしまっている時、あなたは「自己」と、「知性や心」との区別がなくなっています。

たとえば、何かに夢中になり没頭している人は、夢中になっていることにさえ気づいていません。また、出来事に絡まっていると、怒りが湧いてきた時には、あなたは怒りそのものとなってしまいます。

これは自分と、自分の心が一緒になってしまい、違いが分からなくなっている状態にあるからです。

しかし、あなたの意識が高く、気づきのある状態にある時は、心の声を聞き分けることができます。

たとえば、何か失敗をしたとしても、「一体、何をしていたのだろう?」と我に返ることができます。

腹を立てても、その怒りを表さずにいられます。そして、その先の行動を冷静に考えることができるのです。

「無知」があなたを固定概念に縛りつけています。正しい姿勢というのは「私は何者であるか分からない」と思うことです。その時、あなたの可能性が開き始めるのです。

あなたの体は日々変わり続けています。けれども、何も変わっていないかのように錯覚してしまいがちです。

私たちの血液は一日で変わると言われています。五日で胃壁の細胞が、一カ月で皮膚が入れ替わります。一年も経てば全身の細胞が入れ替わるそうです。一年で古い細胞が死に、新しい細胞へと入れ替わるので、あなたの体は完全に新しいものとなります。

このように、私たちの体は常に流れ続ける川と同じように、留まることなく日々変わり続けています。そして、あなたの心も常に新しく変わっているのです。

この事実に目覚めれば、あなたが過去の体験を元に抱いている「古い自分」を、もはや「自分」だとは見なくなるでしょう。「無知」があなたを過去やセルフイメージなどの固定概念に縛りつけているのです。


「私はこのような人物である」と、自分を説明できることを優れたことだと思う人も多いでしょう。

しかし、自分はこうだというイメージを持つことで、あなたの無限の可能性は限られたものとなってしまいます。

自分について固定概念を持つことは、あなたの成長を制限し、本来のあなたの持つ可能性を損なってしまうのです。

正しい姿勢というのは「私は何者であるか分からない」と思うことです。

その時、あなたの可能性が開き始めるのです。

「常に」という言葉を忘れてしまいなさい。そうすれば、あなたは幸せになるでしょう。

どうしたら、常に幸せであることができるでしょうか?

「常に」という言葉を忘れてしまいなさい。そうすれば、あなたは幸せになるでしょう。

常に心地良くありたいと思うと、あなたは怠け者になります。

常に完全性を求めると、怒りが出てきます。

常に金持ちになりたいと思うと、あなたは貪欲になります。

生のみが永遠であるという事実を認識していない時、恐れが生じてきます。

「常に」を一時的なもの、決して「常に」ではありえないものに投影すること、それは錯覚なのです。

心が出来事にとらわれているのは、パンケーキがこびりついたフライパンのようなものです。心をこびりつかないフライパンのようにして、フレッシュな新しいパンケーキを作って楽しんでください。

心が出来事にとらわれると、苦しみや悩みとなります。もし、心が時の流れとともに動いていけば、いつも新鮮で生き生きとしています。

たとえば、自分の誕生日が毎年来る度、「あぁ、私の誕生日だ！」と思い出すことでしょう。お祝いごとは、ある時の出来事、イベントにつながっています。

心は、イベントを通じて時とつながっています。そして、このつながりは心地良いもの、不快なもの、どちらにもなりうるのです。

心地良い、出来事や時とのつながりは長く続きません。しかし、心地良くない、不快なつながりは心に傷を作り、長いこと続いてしまうものです。

叡智は、あなたの心を出来事や時にとらわれない状態、こびりつかない状態にします。

こびりつかないフライパンを見たことがありますか？

もし、こびりつかないフライパンが無くても、人々はパンケーキを作ります。パンケーキがフライパンにこびりついたら、毎回その焦げをとるのに手がかかることでしょう。

心が出来事にとらわれているのは、パンケーキがこびりついたフライパンのようなものなのです。

もしこびりついたフライパンを綺麗にしないで、毎日毎日そのままでパンケーキを作り続けていたら、やがて使えなくなってしまいます。とても不衛生ですね！

何年もの間、あなたはこのように、綺麗にしないで、こびりついたフライパンを使ってきたのです。パンケーキがこびりついて焦げてしまい、臭いもします。

それでも、あなたはパンケーキを作り続けてしまい、それがあなた自身に痛みを引き起こす原因となります。そして、そのようなパンケーキを他の人にも出し続け、それが他の人に痛みを引き起こす原因となるのです。こういうことが、実際に起きていることなのです。

あなたは、自分の心をこびりつかないフライパンのようにすることを忘れてしまっているのです。


川が流れている時（あなたが出来事や時を手放す時）、水（心）は綺麗で純粋です。水は岩々を巡り、海へと流れこみます。心も同じなのです。

つい心は、いくつかの出来事にとらわれてしまいます。でも、とても長いこと、その出来事にくっつき続けてはいられません。あるところで、それを手放さなければなりません。心地良いことであれ、そうでないことであれ。

あなたの心を、こびりつかないフライパンのようにしてください。そして、フレッシュな新しいパンケーキを作って楽しんでください。

この感覚を持てば、毎日があなたにとって新年のはじまりの日となります。毎日がお祝いごととなります。今日は今日なのです。

心配や不安は行動を抑えますが、感情は行動を推し進めます。子供のように感情豊かでいましょう。

頭は心配し、心は感じます。この二つは、同時に機能することがありません。感情があなたを支配している時、心配は解消するのです。

心配なことがあって、いつもそのことを考えていると、不安がどんどん大きくなっていきます。不安はエネルギーを奪い、無気力にして、明快に考えることを防ぎます。

それは、心が感じることのできない状態にあるからであって、きちんと感じることができれば、人は不安になりません。なぜなら、感情は湧き上がっても、弱まり、やがて消えていきます。

感情を表すと、人は救われるのです。感情は短い時間しか残らず、やがて消えていくものですから。しかし、不安は長い間留まり、あなたを消耗させます。子供は感情豊かで自然ですが、大人は感情にブレーキをかけ、無駄な心配をしてしまいます。心配や不安は行動を抑えますが、感情は行動を推し進めます。

いつも頭ばかり使うよりも、心でも感じられるようにすると、不安は解消されていくものです。感情によって、あなたは自発的に動けるようになるのです。

疑いを正しく使いましょう。つまり、疑っていることを疑うのです。むしろ、良くないことを疑って、肯定的なことにはより多くの信頼を寄せるようにしましょう。

たいてい、人は肯定的なことに対してのみ、疑いを抱きます。そして、悪いことに対しては疑いを持ちません。

たとえば、「この人は正直者だろうか?」と疑うことはあります。しかし、相手の嘘については確信を持ちます。

誰かに腹を立てられても、あなたは相手の怒りを疑いもしません。しかし、「愛している」と言われたら、「彼は本当に私のことを愛しているのかしら?」などと疑いが忍びこんできます。

気分が沈んでいる時、「私は本当に落ち込んでいるのだろうか?」と疑ったりしません。落ち込んでいることを事実として受けとめています。

しかし、幸せな時は「私は本当に幸せだろうか? これは本当に私が求めていたものだろうか?」などと疑いが出ます。

「私にできるのだろうか?」と自分の能力は疑うことはあっても、できないことを疑ったことが今までありましたか?

疑いは、人生で肯定的なことに対して向けられる、という傾向に気づきましょう。そして、疑いを正しく使いましょう。つまり、疑っていることを疑うのです。むしろ、良くないことを疑って、肯定的なことにはより多くの信頼を寄せるようにしましょう。

また、疑いを白と決めれば、それは疑いではなくなります。あるいは、黒と決めて受け入れてください。どちらの場合も、あなたは疑いを受け入れ、しっかり前へ進んでいけます。

たとえば、ある人を正直な人か不正直な人かどちらに決めて、その人を受け入れるのです。そうすると、あなたの心はグレーな領域ではなくなり、静まるのです。

「彼は不正直ではあるけれど、あるがままの彼を受け入れよう」と信念を持っていればいいのです。それで心は落ち着きます。

疑いとは、こちら岸にもあちら岸にも定まらない、どっちつかずの状態のことです。そのような状態から緊張が生まれます。こちらかあちらか方向性を決めてしまい、足場を取り戻しましょう。

粗探しをするような目は持たないことです。欠点を見つける目がなくならない限り、智慧が開花することはありません。

心や思考は、あらゆるところに欠点や悪意を見出すという傾向を持つことがあります。最高の条件下でさえ、常に欠点を見出すのです。

この傾向がある限り、望みうる最高のものが与えられても、その中に必ず欠点を見つけてしまいます。理想的なパートナーを得ても、最も美しい絵を前にしても、何か悪いところを見つけるのです。

こうした状態でいる限り、神聖な智慧を理解することはできません。

距離があれば相手の欠点に気づかずにいられます。しかし、近づけば、否が応でも欠点は目に入ってきます。遠くからだとクレーターでさえ見えなくなりますが、近づいて見ると、滑らかなものにさえ粗は見つかります。

あなたの関心が粗だけに向かっている時、より大きな次元に気づくことはできません。


何でも欠点を探す人に智慧を与えるのは無意味なことです。欠点を見つける目がなくならない限り、智慧が開花することはありません。

あなたが白内障にかかっているのであれば、どれだけ鏡の汚れを落としても何にもなりません。白内障を治してはじめて、鏡がきれいであると知ることができるのです。

欠点を見つける目を通して見ていると、世界はぼやけて、ひどいものに映ります。しかし、自分自身のものの見方にこそ問題があるのだといったん気づけば、問題の半分はすでに解決しています。

最高の自尊心を持ちましょう。自尊心があれば、勝ち負けなど意味のないゲームとなり、一つひとつの歩みが喜びに繋がるのです。

自尊心は、しばしばエゴと混同されます。エゴは比較の対象を必要とするものですが、自尊心はその人の自信そのものです。

たとえば、「私は数学が得意である」「私は地理に長けている」と主張するのが自尊心です。しかし、「私はあなたより知っている」と言うのはエゴです。

エゴは、単に「自己を尊ぶ心」、自尊心の欠如を意味するのです。

エゴはしばしばあなたを怒りに駆り立てます。

しかし、もし、あなたに自尊心があれば、外的な要因で動じることはありません。

自尊心があれば、勝ち負けなど意味のないゲームとなり、一つひとつの歩みが喜びに、一つひとつの行動が賞賛に繋がるのです。
そして、自分の美徳に対する執着心が低いほど、あなたの自尊心は高まっていきます。
自分の美徳に愛着を持つと、あなたは他人を軽蔑するようになり、その美徳は失われ始めます。美徳への執着心がなければ、最高の自尊心がもたらされます。

あなたが、人を自分より上に位置づけていたり、下に位置づけたりすれば争いは起こりません。人との争いを終息させるには、自分を譲ること、あるいは相手を思いやること。

争いは同等の人間の間で起こるものです。誰かと争っている時、あなたはその相手を同等の存在にしています。

しかし、実はあなたと同等の存在などありません。あなたが、人を自分より上に位置づけていたり、下に位置づけていたりすれば、争いは起こりません。その人があなたより上にいれば、あなたは尊敬します。あなたより下にいれば、その存在に同情し、愛することもできるでしょう。

争いに飽き飽きした時には、そんな風に考えるべきです。

そして、自分を譲ること、あるいは相手を思いやることで、たちどころに争いは終息します。

智慧のある人は誰といても気楽に感じます。
賢い人は、あらゆる鳥が飛ぶ大空のような存在なのです。

世の中では、一般に人は似た傾向にある人とグループを作ります。自分たちの問題をさらけ出すために、共に集まるのです。

不満を抱いた人々が集まると、彼らは不満を言い合い、互いに足を引っ張り合います。

欲求不満な人々は、幸福な人とは一緒にいられません。それは、幸福な人が調子を合わせてくれないからです。

あなたは他人と調子が合う時だけ、心地良さを感じるものです。

知性的な人は、愚かな人と一緒にいると気が休まりません。愚かな人は、知性的な人には人情味が無いと感じます。

智慧のある人は、不満を抱えた人、幸福な人、愚かな人、知性的な人と一緒にいても、気楽に感じます。どの傾向の人も、賢い人と一緒だと気楽に感じます。

賢い人は、あらゆる鳥が飛ぶ大空のような存在なのです。

誓いは期間限定でしましょう。期間限定の誓いで、どんな悪い習慣も乗り越えることができるのです。

悪い習慣はあなたの前進を妨げ、あなたの生命エネルギーを奪っていきます。そのような習慣を打ち破るには、期間限定の誓いを立てると良いでしょう。誓いを立てる時は、期限を決めて行うべきです。生涯にわたる誓いは立てないでください。すぐさま破ることになるでしょうから。

たとえば、誰かが禁煙するとは言うものの、それを守れないとします。まずは、「五日間タバコを吸わない」と期間限定の誓いを立てればいいのです。人を罵ったり、悪態をつく癖がある人は、「一〇日間は悪い言葉を使わない」と誓ってみるのです。

そして、たとえ誓いを破ってしまうことがあったとしても、心配しないでください。もう一度始めれば良いのです。

ひとつの期間限定の誓いを守り通せたら、再開する時期を選んで、またあらためて誓いを継続してください。それがあなた自身の性格の一部となるまで、徐々に誓いの期間を延ばしていきましょう。

この期間限定の誓いで、どんな悪い習慣も乗り越えることができるのです。

人生のターニングポイントとなった、シュリ・シュリさんとの出会い

アートオブリビング財団講師、アートオブリビング企業向け研修コーディネーター、
大手外資系証券株式営業本部ディレクター
キールタナ・マリアパン

私はインド人なのですが、留学生として日本で一人暮らしをしていて、アメリカ人の友人に紹介されてアートオブリビングのことを知りました。「すごく楽しいヨガのプログラムがあるけど、行ってみる?」と誘われ、その時は予定が合わずに断ったのですが、半年後にまた誘われて、アートオブリビングの呼吸法の体験クラスへ行ったのです。

その時、難しいことは何もしていないのに、呼吸法をして、ヨガをして、ただ横になっているだけなのですが、すごく久しぶりにこんなにリラックスできたと

実感したのです。自然に涙まで出てきました。

とても不思議に思って、今度は関心を持って、二週間後にアートオブリビングのハピネスプログラムのコースを受けたのです。それは、言葉にはできない経験でした。

自分の内側から感情がいっぱい出てくるし。体の感覚が無くなっていく。自分がいるのは分かるのだけれど、どこにいるのか。自分が○○だという意識がまったく無くなり、ただただ「私がいる」という意識だけが残るような。そんな不思議な感覚でした。

そして、自分が今までずっと待っていたものに出会えたような。やっと家に戻ったような気持ちになれたのです。

瞑想が終わって目を開けた時、隣の人から「ものすごく目が輝いている」と言われました。それでトイレに行って確かめたら、自分の目だと分からないくらい輝いていて、本当に驚きました。

留学生として日本に来て、初めて外国で一人暮らしをするようになって、私はまだ日本にも慣れていなかったのです。しかし、そういうことを一気に吹き飛ばすような体験でした。

ワークショップの先生が、「初日のあなたは笑顔もなくムスッとしていたのに、今ではニコニコしてみんなと話すようになり、人柄がガラッと変わった。すごくフレンドリーになり、壁が無くなり素直になった」とおっしゃっていました。

それが二〇〇二年のことなのですが、今度はそれから一カ月後にアートオブリビング財団の創立者であるシュリ・シュリさん（シュリ・シュリ・ラビ・シャンカール師）が日本に来ることになりました。

イベントが終わった後、シュリ・シュリさんに会いたいと、みんなが集まっているところで、私は恥ずかしいから側に行かないで、二、三人隔てて伺うようにシュリ・シュリさんを見ていたのです。すると彼が振り向いてくれて目が合って、それは一瞬だったかもしれませんが、すごく深く、長くて、「ようやく知っている人に出会えたなぁ」という感じがありました。マスターの無条件な愛を感じとるには時間も言葉も必要ないのですね。

今でもよく覚えているのは、その夜自転車で帰っている途中も笑顔が止まらなくて、ずっと歌いながら幸せに包まれ家へ戻ったのです。

まさに人生のターニングポイントですね。

呼吸法を受ける数カ月前には体が弱っていて、二リットルのペットボトルも持てなかったのです。十二指腸潰瘍になり体を動かせない時期があって、背骨の周りの筋肉も弱っていたようです。

それが呼吸法をやって、ヨガもやって、三、四カ月にはふと気づいたらペットボトル六本を平気で持てるようになっていました。

肌も荒れやすく、ニキビの痕もたくさん残っていたのですが、呼吸法を始めて半年も経たないうちに気づいたら肌がピカピカになっていました。

体も、精神も変わりました。

以前はどこにいても、恥ずかしかったり、自分の居場所をなかなか見つけれなかったのですが、自信もついたし、人と話しやすくなり、良いことがずっと続いていきました。

社会人になる前にシュリ・シュリさんとアートオブリビング、呼吸法や瞑想に出会えたことが本当にラッキーでした。自分の好みの会社や仕事に出会え、何事もトントン拍子に進んでいったのです。

3章

苦しみが消えて自由自在になれる

（欲望、判断、決断、人生に関する智慧）

悲しむことは癖のようなものです。自らの考えで作り出した悲しみから、心を自由にしましょう。

悲しむことは癖のようなものです。

自分の心をよく見てください。悲しみはただ根も葉もない、自らが作り出しているものだと気づきましょう。すると、悲しみは消えて、あなたは自由になります。

悲しみというものは、「人に見下されている」という考えと同じです。根拠の無い思い込みです。

人は時に「私は頭が良くない。誰にも愛されていない」などと思うことがあります。なぜ、そのように考えなければならないのですか?

「自分は愚かだ」などと思うのは間違いです。「愚か」というのは、比較によって生まれる言葉です。あなたよりもっと愚かな人にとっては、あなたは賢いのです。

そして、あなたよりも愚かな人は必ずいるでしょう。

こういった自ら作り出した思い込みが、あなたを不幸にしているのです。判断の目安を下げてください。

比較することは心を乱し、あなたを悲しませます。あなた自身のことを誰とも比べないでください。そうすれば、あなたはもっと幸せでいられます。

自らの考えで作り出した悲しみから、心を自由にしましょう。

すべての物事には「痛み」があります。この世界に痛みから逃れられるものは何ひとつとしてないのです。

どんな出来事にも、影のように「痛み」がついてきます。

どんなに楽しいことでも、いつか終わりがきます。このいつか終わるという感覚は、チクリと痛いものです。

喜びが大きければ大きいほど、終わる時の痛みも大きくなります。

今までの人生で経験した快感や喜びを振り返ってみてください。いずれの過去の体験にも、「苦しみ」という影もついてきていたのではないでしょうか。

欲しいものを手にする前、何かを熱っぽく欲している状態は苦しいものです。そして、手に入れた後は、それを失ったらどうしようという恐れに襲われます。その後、それが終わってしまうと、喜びの記憶があなたを悲しませることになります。

こうしてみると、はじめから終わりまでの一部始終に、痛みがあるのです。

愛も、痛みを作ります。

たとえば、愛する人の望みを叶えてあげたとしても、その喜びはしばらく経てば消えてしまいます。そして、喜びの後の痛みはより強く感じることでしょう。

また、別れは時として、とてつもなく激しい痛みとなることがあります。相手に喜んで欲しいという思いも、相手が喜んでいるかを知りたがることも、それらはすべて痛みとなるのです。

すべての物事は「痛い」ものであり、この世界に痛みから逃れられるものは何ひとつとしてないのです。

焦っている時は時間を無駄にしています。目を覚まして、あなたの中の焦りに気づいてください！

急いでいると、物事を正確に認識することができません。すると、あなたの人生から魅力やスリル、美といったものが失われます。

慌てていると、真実に近づくことができません。それは、あなたの認識力、観察力、表現力が歪むせいです。

楽しもうとして焦ると、人生から喜びが奪われます。今この場の幸福や自由が打ち消されるだけです。

大抵は自分が焦っているわけを知ることさえありません。焦るということは、ほとんど生物学的な現象なのです。

目を覚まして、あなたの中の焦りに気づいてください！

焦って、落ち着きのない心や体で何かをする時、あなたは確実に時間を無駄にしています。

焦るにしろ、無気力になるにしろ、つい極端に走ってしまうものです。

ゆっくりするというのは、先延ばしにしたり、無気力になったりするということではありません。

欲望を抱いている時、今この瞬間に
喜びを感じることができるでしょうか？
そして、喜びに満ちている時に、欲望が湧いてくることがありますか？
欲望は、あなたを幸福へと導けないのです。

あなたの心は、欲望を追いかけることで疲れています。
過去の欲望を振り返り、あなたが叶えてきた願望を思い返してみてください。
欲望を叶えることで、どれだけあなたは満足し、休息を得ることができましたか？
しかし、休むどころか、さらなる欲望が湧いてきたのではないでしょうか。
心は何か望みをひとつ叶えれば、次はもっと手に入れたいと、さらなる望みを持つようになります。そうしてあなたはメリーゴーラウンドのように、ただグルグル回り始めるのです。メリーゴーラウンドの走る馬に乗っていても、あなたはどこにも行くことができません。

人生も同じことです。欲望がしていることと言えば、あなたを走らせ続け、しかし、どこにも運ぶことはないのです。それが欲望のしていることです。欲望の追い求めるものは、明日の幸せであり、今この瞬間のものではありません。

しかし、喜びとは、明日のものではなく、今ここに存在するものなのです。欲望を抱いている時、今この瞬間に喜びを感じることができるでしょうか？　そして、喜びに満ちている時に、欲望が湧いてくることがありますか？

欲望は、あなたを幸福へと導けないのです。

まずは、第一のステップとして、「幸せになろう」と強く欲さないでいましょう。そうすると、あなたは自由になり、解放されます。

あなたが見ている幸せとは、あなたの中にある思い込みにしかすぎません。人は「もしこれがあったら幸せになるだろう」と考えますが、それら望むものをすべて手に入れたとして、本当に幸せになれるでしょうか。手に入れてみたものの、思っていたものと違う、こんなはずではなかった、などという体験が今までにもあったはずです。

決して、楽しむことに反対しているわけでも、不幸せでいい、と言っているわけでもありません。

ただ、あなたの心を休め、喜びを求める欲望から離れるのです。

私たちの心の欲望には、限界がありません。心は喜びや幸福を際限なく求めます。

しかし、五感はそれを受け取り続けることができないのです。感覚器官には限界があり、心が五感の快感を求め、同じことを何度もくり返したところで、あなたは燃え尽きてしまうだけなのです。

私たちは周りの状況や一緒にいる人など、さまざまな外的要因から影響を受けています。あなたの欲望さえ、あなた自身のものではないかもしれません。

自分の行動の動機をよく観察してみてください。私たちは時々、自分が本当に求めているわけではないことを行うことがあります。人から求められている要求に応えているだけであったり、また、人に言われるがまま、人目を気にして行っているだけの時もあります。

自分が本当に望むものは何なのか、分からなくなることもよくあります。それは、自分自身を本当にしっかりと観察していないからです。

多くの場合、私たちは心に浮かんでくる考えや感情、欲に動かされているだけなのです。あなたの欲望さえ、あなた自身のものではないかもしれません。私たちは周りの状況や一緒にいる人など、さまざまな外的要因から影響を受けています。

自分の内側から湧いてきたものではない、外からの影響によって生じた考えや望みを、まるで自分自身のもののように信じてしまうことがあります。

手に入れても幸せが続かなかったり、本当にこれが欲しかったものなのだろうかと疑ったことが、今までありませんでしたか。

望みを叶えても満たされないのは、このためなのです。

もう一度、あなた自身をよく観察してください。

あなたとは一体誰なのでしょう?

お釈迦様は、次の四つの「内観」のステップを示しました。

体を観察しなさい。体の感覚を観察しなさい。心、考えや感情、過去の印象などを観察しなさい。あなたの本質を観察しなさい。

世の中はコントロールが及ばないことの方が多いのです。
それなのに、人はコントロールすることにとらわれています。
コントロールしようとする気持ちを手放すと
抱えている問題も無くなっていきます。

多くの人が自分ではコントロールできない問題を抱え、不安になったり、落ち着かなくなったり、人間関係をきしませています。

しかし、よく考えてください。

あなたは本当に自分を管理できているのでしょうか？

あなたがコントロールしているものは、目覚めている時間のほんの一部に過ぎないのではないでしょうか？

眠って夢を見ている時、あなたは自分をコントロールしていません。起きている間も、心に浮かんでくる考えや感情をコントロールすることはできません。

心臓の鼓動、血液の流れ、内臓の動き……、体のほとんどの機能も、あなたのコントロールのもとにはないのです。


世の中にはコントロールが及ばないことの方が多いのです。それなのに、人はコントロールすることにとらわれています。

自分や他の何かをコントロールできなかったとしても、何も恐れる必要はありません。なぜなら、そのことによって、あなたが失うものなど何もないからです。

コントロールしようとする気持ちを手放すと、抱えている問題も無くなっていきます。

あらゆるものは変化する、という事実を覚えておいてください。
ですから、自分の判断に固執しないようにするのです。
あなたが愛と思いやりで満ちている時、
あなたはあらゆる判断から自由になれるのです。

世の中は、判断なしでは進めません。

日常生活において、判断を避けることはできません。何かを良い、あるいは悪いと判断するまでは、あなたはどんな行動もとることもできません。

もし市場で腐ったリンゴを見たら、あなたはそれを買いません。良いリンゴだけを選んで買います。もし誰かがあなたに一〇回も嘘をついたなら、再びその人の話を聞く時「また嘘に違いない」と考えます。そのような判断は自動的に生じます。

誰かを批判してレッテルを貼ることも判断です。

もちろん、あなたは付き合う仲間を判断する必要があります。あなたを上に引き上げるような仲間もいれば、下に引っ張るような仲間もいます。

疑い、落胆、非難、不平、怒り、惑わし、欲望へとあなたを引っ張るような仲間は悪い仲間です。喜び、熱意、奉仕、愛、信頼、智慧へとあなたを引き上げるような仲間は良い仲間です。

判断は必要なのですが、ただし、自分の判断を永久的なものにはしないことです。なぜなら、人々や物事はいつでも変わりうるからです。

あらゆるものは変化する、という事実を覚えておいてください。ですから、自分の判断に固執しないようにするのです。

さもないと、あなたの判断は岩のような化石になってしまい、あなたと相手を惨めにします。判断は永久に留まるべきではありません。

そして、あなたが愛と思いやりで満ちている時、あなたはあらゆる判断から自由になれるのです。

決断すればするほど、混乱するようになります。その結果として、あなたは苦しみと快楽の間を揺れ動きます。

決断は混乱がある時にのみあります。混乱がない時には決断もありません。もし、机の上に木片とクッキーがあったら、あなたはどちらを食べるべきか判断するでしょうか？

決断とは常に選択であり、選択は常に混乱をもたらします。ですから、決断を下す人は、誰でも混乱しています。あなたが混乱している時、そこには自由はありません。

あなたの中には「行為者」と「目撃者」がいます。

「行為者」は混乱しているか、または決定を下すかのどちらかです。決断すればするほど、あなたはますます混乱するようになります。その結果として、あなたは苦しみと快楽の間を揺れ動きます。

しかし、あなたの中で「目撃者」が育っていくにつれて、あなたは陽気で動じなくなります。確信、信頼、愛、喜びがあなたの内側および周囲に顕著に現れてくるようになります。

「行為者」がいない時の行為は、自発的なものとなります。

そして、「目撃者」は微笑み、行為が自発的なものであることに気づいています。

解決できない問題はありません。
解決不可能とあなたが思う問題がある時は、それを受け入れなさい。
解決策は、あなたが神の法則を強く確信している時にやってきます。

解決できない問題などありません。
解決不可能とあなたが思う問題がある時は、それを受け入れなさい。すると、それはもはや問題ではなく、事実となります。

たとえば、あなたはノルウェーの海があまりにも冷たいことは問題だと考えたとします。海を暖めることができないのは明らかです。あなたはそれを受け入れます。ですから、もはや問題ではありません。

解決を求めている時のみ、問題が存在します。そして、解決策が無いとあなたが認識した瞬間、問題は問題ではなくなります。

従って、解決できない問題などありません。

解決はあらゆる問題の尻尾なのです。

解決策はあなたが冷静で落ち着いている時、知性を使っている時、無気力ではなく活気づいている時、そして神の法則を強く確信している時にやってきます。

どうして、あなたはずっと重要なことばかり探らなければならないのでしょうか？　すべてが重要であり、重要ではないのです。もし避けられない問題が生じた時、あらゆる物事は選択を超越しているのです。

実に多くの人が、「何が重要なのか？」と考えることに心を奪われ、当惑しています。ある物事が「重要だ」ということは、他の多くの物事が「重要ではない」はずです。

しかし、あなたは重要ではない物事をすべて排除することはできません。

なぜなら、何かを重要にするためには、重要でない物事も抱えている必要があるのです。

何事も、それ自体が重要なものか、他の物事を重要にするものか、いずれかです。重要でない物事も、重要な物事に貢献しうるのです。

そして、重要なことと重要でないことは、時と場所によって変わります。たとえば、食べ物でも空腹な時には重要で、満腹の時には重要ではありません。

つまり、すべてが重要であり……、すべてが重要ではないというわけです。

どうして、あなたはずっと重要なことばかり探らなければならないのでしょうか？

そして、もし避けられない問題が生じた時は、重要か重要でないかという区別などしないものです。

あらゆる物事は選択を超越しているのです。

「証拠を求める心」が人を行き詰まらせています。「真実」とは、証拠を集めて理解できるものではありません。

人がこの世界で行き詰まってしまう原因の主なものとして、「証拠を求める心」が挙げられます。

しかし、「真実」とは、証拠を集めて理解できるものではありません。証明できるものは、覆すこともできるものです。「真実」とは、証明や反証を超えたところにあります。

証明とは、論理的に理屈を組み立てて説得するものです。しかし、理屈で理解、説明できる範囲には限りがあるのです。

「私は存在している」という感覚も、証拠や証明を超えたところにあります。

同じく「神」も、証明を超えています。神の存在は、証明することも、証拠を揃えて否定することもできないものです。

「悟り」や「愛」も同じです。

愛は、証明もできなければ、偽りだと明らかに示すこともできないものです。行動や態度は愛の証明にはなりません。多くの映画の中で、俳優や女優がたくさんのロマンスを演じますが、彼らは実際に愛を感じているわけではありません。

本当はまったく愛していなくても、さも本当かのように演技で愛を表現することができるのです。

ところが、人は愛されているという明らかな証拠を欲しがり、相手の行動や態度を拠り所とします。あれやこれやと愛の証を集めますが、一体どうすれば愛の証明を得られるというのでしょう。

このように「証拠を求める心」というものは、行き詰まってしまうものなのです。

「執着」があると、あなたは熱っぽい欲にからまれ、落ち着くことができなくなってしまいます。「執着」は、あなたを自由に前へ進めなくさせてしまうものなのです。

私たちは、お腹が減ると何か食べます。しかし、お腹がいっぱいになった後も、食べ物のことを四六時中考えることがあります。これは無意味なことです。

美しい景色についても同じことが言えます。景色を見た後、その欲望は徐々に鎮まらなければなりません。ずっとその美しい景色のことだけで頭をいっぱいにすべきではありません。

感覚器官を使う時間には節度をもつ必要があります。ある一定時間が過ぎると休めなければなりません。

しかし、そのことをいつまでも考え続け、熱っぽく欲に捕らわれることがあります。これが「執着」です。

同じことがセックスについても言えます。セックスをした後も、二四時間ずっとセックスのことを頭に持ち続けることに意味はありません。ポルノ映画を昼も夜もずっと観る人がいます。体はもう不能になっていても、まだ頭の中はセックスでいっぱいになっているのです。

五感の体験にまつわる無念な思いが「執着」を生み、その対象物からあなたの自由を奪います。「執着」があると、あなたは熱っぽい欲にからまれ、冷静に落ち着くことができなくなってしまいます。

「執着」は、あなたを自由に前へは進めなくさせてしまうものなのです。

まず、あなたの取るべき第一歩は、世俗的なものに執着しなくなることです。世俗的なものとは、お金、セックス、食べ物、権力、地位、自己イメージなどに関するものです。

そして、「執着」を智慧や神聖な存在へと向けるのです。

真理は、世俗にいう金色のベールによって隠されています。このキラキラ光る薄いベールを突き破り、自分が光であることを知るのです。

私たちは寝ている時に夢を見るだけでなく、起きている時も白昼夢を見ています。夢に信念や自信を持てば、それはもはや白日夢ではなくなるのです。

夢には、夜に見る夢と白昼夢があります。

私たちは寝ている時に夢を見るだけでなく、起きている時も「これからどうなるのだろうか」「これもあれもしないといけない」などと、ずっと白昼夢を見ています。

白昼夢とは、砂上に城を描くようなものです。心はこの白昼夢を何度も何度もくり返します。

しかし、あなたが「これは白昼夢だ」とひとたび気づけば、あなたは現実に目覚めることができます。その瞬間、あなたは完全に生きています。あるがままの真実に目覚めています。

寝ている時には、まったく気づきがありません。しかし、「私は寝ている」と気づいた瞬間、その人はもう起きています。

白昼夢を見ている人も気がついていないのです。「私は白昼夢を見ていた」と気づいた瞬間、直ちに現実に目覚めます。

また、白昼夢を見るのは、欲望を持っているのに、それを達成する信念が持てない時です。確固たるゴールとして信じられれば、白昼夢をコントロールできます。

たとえば、月に行きたくて、ずっとそのことを夢見てきた科学者にとって、それは人生のゴールでした。しかし、他の人々にとっては、ただの白昼夢に過ぎません。夢に信念や自信を持てば、それはもはや白昼夢でなくなるのです。

人生は不思議や不可解なことに満ち溢れ、そして美しく素晴らしいものです。不思議さ、不可解さを楽しみましょう。

人生における葛藤は、「なぜ、どうして？」と思うことから起こります。

この気持ちは、幸せな気分ではない時に湧き上がってきます。

「なぜ、この問題が私に起こっているのだろうか？」とは思いますが、「なぜ、私はこんなに幸せなのだろうか？」と思うことはありません。

「なぜ、私は良い気分ではないのだろうか？」

「なぜ、私は怒っているのだろうか？」

「なぜ、私には良いことが起こらないのだろうか？」と考え、理由を解明しようとします。

しかし、たいていの場合、明らかにしよう、理解しようと思えば思うほど、よりいっそう分からなくなっていくものです。

なぜなら、あなたは心や思考の中で何が起こっているのか分かっていません。心や思考は大勢の人が乗っているジェットコースターのようなもので、さまざまな感情、考えであふれ返っています。

だから、ただありのままに「私には、分かりません!」と、無邪気な状態でいましょう。

この人生は不思議や不可解なことに満ちあふれ、そして美しく素晴らしいものです。人生や生命の不思議さ、不可解さと共に生きることが、喜びなのです。

不思議、不可解であることは神聖なことだと言えます。

あなた自身が不思議で不可解な、神秘的な存在なのです。

このような視点から人生を見ると、あなたの心や思考は澄みわたり、人生はより良いものとなっていくでしょう。

ものごとをあるがままに受け入れてください。

「今」というこの瞬間は、瑞々しく、そして完全なのです。

「今この瞬間」が全体であり、完全である時、その一瞬は神聖なのです。


私たちは、この世界のどんなことも決めつけることはできません。

真実、この世には確かなものなど何ひとつとして無いのです。

人も、人の心も、考えもすべて変わりゆくものです。全世界は流動的で空気のようなものであり、いつ何時でも、どのような形でも、すべての物事は変わることができます。この世界はあらゆる可能性でいっぱいに満ちているのです。

しかし、私たちの心はすべてを目に見える物差しで測り、物事や人、考えなど、ありとあらゆるものを決めつけ、型にはめようとします。自らの持つ固定観念や論理、間違った理解、妄想や過去の記憶を使って、これはこういうものだと決めて、安心するための何かをいつも欲しているのです。

ものごとをあるがままに受け入れてください。

何も気にしないでください。良いか悪いか、判断しないでください。

あなた自身が間違った思い込みや妄想から自由になってください。


「今」というこの瞬間は、新しく、瑞々しく、そして完全なのです。

あなたはまさに「今」、自由で、満ち足りています。この「今」という瞬間にただ気づくのです。過去を後悔せず、未来に何も望まないことです。

「今この瞬間」以外の、あらゆるものは取るに足らないことです。心を「今この瞬間」に完全に傾け、ただ今を讃えましょう。今がどんな状況であれ、「今この瞬間」はかけがえのない貴重なものなのです。

「今この瞬間」が全体であり、完全である時、その一瞬は神聖なのです。

シュリ・シュリさんは動く神社なのです

アートオブリビング全国総括コーディネーター
秦理子

インドのアートオブリビング財団の本部へ、呼吸法の上級コースを受けに行き、創立者で財団のトップ、ヨガの大家でもあるシュリ・シュリさん（シュリ・シュリ・ラビ・シャンカール師）と出会いました。

「すべての源は同じで、源にたどり着くための道はそれぞれ違うけれど、根本は一緒だ」とシュリ・シュリさんは説いています。

シュリ・シュリさんは、ヒンズー教が一番良いなどということはなく、「自分の生まれ育ったところの宗教を大事にしなさい。神道はエッセンスがヒンズー教ととても似ている」とおっしゃっていて、私はすごく感動しました。

シュリ・シュリさんはよく、「ルーツが深くなかったら、根が深くなかったら、木も上には伸びていけません。子供達の教育においても、ルーツの部分をしっかりつくらないと、伸びていく幹も弱くなってしまうのです。みなさん、自分のルーツを大切にしてください」とおっしゃいます。

私の実家では、おばあちゃんが毎日、出雲大社とお寺に向かって手を合わせ、拝んでいました。それを見て育ちましたから、神様も仏様も同じように祈り、感謝するということが、私にとっても当たり前のことになっています。

先祖代々、心を支えてきてもらっているのですから、神道や仏教はルーツとして大事にしていきたいのです。古代より日本に祈りの場をつくってきた神道をとても大事に思っています。

シュリ・シュリさんは動く神社なのだ、と私は思います。

神社は境内に入った瞬間、空気が変わります。乱れた気持ちを鎮める、心を落ち着かせてくれる場の力があります。

同じように、シュリ・シュリさんの域に入ったら、乱れた思考やストレスがパーンと消えてしまいます。

誰しもエネルギーがダウンしている時は、疑ったり、ネガティブな気持ちがつい出てきてしまうものです。そういう時にシュリ・シュリさんと会うと、乱れた気持ちがパーンと消えて、ニコッとなる自分がいます。目が合った瞬間、「私もハッピーです！」と思えるのです。

それは、シュリ・シュリさんが本当にハッピーだからだと思います。思考が本当に綺麗なのです。

綺麗な人のそばにいたら、自分も綺麗になれるのです。たとえば、誰もが赤ちゃんを見ているだけでハッピーな気持ちになります。それは赤ちゃんが生きる喜びの塊であり、良いエネルギーしかないからです。聖者もそうなのです。

逆に、怒っていたり、イライラしている人のそばにいたら、自分も重い気持ちになったりするでしょう。

だから、シュリ・シュリさんは「あなたも光をあげられる灯台になりなさい」と教えています。

神社も、ピュアなエネルギーをつくってくださっている場所だと思いますが、人としてそういう場所になれたら良いですね。

この人と一緒にいると、落ち着いた、穏やかな気持ちになったという、そういう人になりたいものですね。

4章

あなたは創造主の豊かな恩恵を浴びている
（宇宙、神、真の自己（セルフ）、愛に関する智慧）

すべての生命はひとつの細胞から始まっています。すべてがつながっています。全宇宙もひとつのものからできています。

ひとつの細胞から、身体全体が作られていきます。ひとつの細胞がどこかで目になり、鼻になり、舌となります。

そして元々、すべての生命はひとつの細胞から始まっています。

同様に、全宇宙もひとつのものからできています。すべてはひとつのものからできているのです。

世の中のすべてのことはつながっています。このことが理解できるようになると、「私は私」「あなたはあなた」といった、それぞれが別々であるという感覚が和らぎ、対立も無くなります。

争いの根源は「私のもの」「あなたのもの」という概念です。所有したいという欲望や独占欲などが闘争心をかきたてるのです。「瞑想」等を通じ、本来の自己を知ることによって、世の中のものすべてがつながっていることに気づくことができます。

みんな誰もが心の奥深いところで、変わることのない、老いることのないものを感じているはずです。

あなたの内なる魂、心の奥底、精神は変わることなく、老いることなく、年を取ることがありません。それが、「真の自己（セルフ）」です。

その変わらずに在りつづける「真の自己（セルフ）」に触れることによって、人生の素晴らしさ、美しさがもたらされます。それが「瞑想」なのです。

そして、あなたがこの「真の自己（セルフ）」に留まり続ける時、あなたは全世界の恋人になります。

宇宙の中で最も安定しているものは、私たちの中にある「真の自己（セルフ）」なのです。あなたは不変なものに依存し、変化するものを受け入れるべきです。

人々はしばしばこの世界に確信を抱き、神についてはは確かな信念を持っていません。信頼性の無いものに依存することによって、心が不安定になるのです。不確実なゆえに必死に安定を求めようとするのですが、宇宙の中で最も安定しているものは、私たちの中にある「真の自己（セルフ）」なのです。あなたがこの意識こそ確実なものであると認識する時、この世界の不確実性を安心して受け入れることができます。

この世界は変化しますが、私たちの「真の自己（セルフ）」は変化しません。あなたは不変なものに依存し、変化するものを受け入れるべきです。

もし、あなたがすべては不確かであることに確信を抱くなら、開放され自由になります。あなたが確信を持てない時には、心配と緊張がやってきます。

不確実な中で行動することによって、人生はゲーム、チャレンジとなるのです。

不確実な中で生きることは、自らを解き放つことです。


「真の自己（セルフ）」には拡大も、経験も進歩も、衰退も、始まりも、欠如もありません。「真の自己（セルフ）」は完全なのです。

あなたの心（マインド）が「真の自己（セルフ）」と共にある時、あなたは進歩について心配しません。

もし、進歩について心配するなら、あなたは心（マインド）で行き詰まっているのです。心（マインド）は物質の一部であり、進歩し、衰えます。心（マインド）は拡大し、収縮します。拡大する時は真理に、「真の自己（セルフ）」に近づいています。

しかし、「真の自己（セルフ）」には拡大も、収縮も、進歩も、衰退も、始まりも、欠如もありません。「真の自己（セルフ）」は完全なのです。

ですから、もし、あなたが自分はまったく成長していないと感じるなら、心配しないでください。あなたは「真の自己（セルフ）」の近くにいるのです。

心や意識があなたの命を表現しています。
あなたの心は光でできているのだと知っていてください。
心はエネルギーなのです。

あなたの心や意識は、火のようなものです。あなたの体は、心や意識があるから機能することができます。それらがなければ、あなたは火の点いていないロウソクのようなものとなってしまいます。

では、火とは何でしょう？　どうやって火は灯るのでしょう。酸素と物質が結合して、火は生まれます。

では、命とは何でしょう？　命も酸素を使い、物を食べて生きています。そして、揺らぐ火のように、心や意識があなたの命を表現しています。

命と火はとても類似しています。

燃えているロウソクにコップをかぶせたら、数秒で火は消えてしまいます。同じように、もし窓も無い閉め切った部屋に人が閉じ込められたとしたら、酸素が無くなり、数時間もこの体は生きていられないことでしょう。

また、ロウソクに蝋《ろう》を足せば、さらに長い時間燃えることができます。同じように、食べ物を取り込めば、体は長続きします。


けれど、芯が燃え尽きたらどうでしょう。蝋がどれだけ残っていたとしても、火は灯りません。芯の長さという限界があります。同じように、年月が経てば、どれほどの食事を摂っても体を保たせることはできません。体は芯のようなものなのです。

火と芯が切り離せないように、心という光は体にしっかりくっついているのです。あなたの心は光でできているのだと知っていてください。心はエネルギーなのです。

道を照らし、周りを浄化する火になりましょう。あなたの火の質を変容させるものが「瞑想」なのです。

冬には生命を支えてくれる火が、生命を破壊することもあります。火を使って部屋を暖めることも、燃やしてしまうこともできます。焚き火を囲んで人々はお祝いをします。火葬の火を囲んで人々は嘆き悲しみます。タイヤなどの有毒物質を燃やすと、有毒ガスや汚染物質を生み出します。白檀《びゃくだん》を燃やすと芳香が広がります。燃やすものによって、周囲を汚す場合もあれば、浄化する場合もあります。

光や温かさを生み出すのが、最も質の高い火です。光を生み出すと同時に煙も多少出してしまう火は、普通の火です。煙と闇を生み出す火は、質の悪い火です。こうした火の区別をつけられるようになりましょう。

感覚（五感）は、火のようなものです。あなたが感覚の中に投げ入れたものは、それが何であろうと燃え上ります。

あなたの火は、煙を出し、周りを汚染する火ではありませんか？　それとも、光を照らし、芳香を放つ樟脳《しょうのう》の火でしょうか？

あなたの感覚が良いものと関わる時は、あなたは光と芳香を生み出すでしょう。もし、不純なものと関わるならば、あなたは煙と闇を生み出します。

そして、あなたの火の質を変容させるのが、「瞑想（サンヤマ）」なのです。

生命は物質（肉体）とバイブレーション（霊）の組み合わせです。精妙なレベルの快楽は長く続き、エネルギーを高め、リフレッシュし、開放します。

人間の生命は、物質または肉体と、霊またはバイブレーションの組み合わせです。喜びは強烈なバイブレーションとなり、あなたが物質であることを忘れさせます。肉体的な快楽は一時的にあなたに強烈な波動を感じさせることができます。それゆえ、それはあなたに一瞬の喜びを与えてくれます。しかし、そのような喜びは束の間のことで、最終的にはあなたを鈍くしてしまいます。

一方、瞑想し歌っている時には、長い間エクスタシーが続きます。精妙なレベルの快楽は長く続き、エネルギーを高め、リフレッシュし、開放します。

しかし、粗雑なレベルの快楽は束の間に終わり、疲労をもたらし、束縛するのです。
自分が電気、つまりバイブレーション、あるいはエネルギーであることを知っていれば渇望、貪欲、欲望、怒りは消え、あなたは「真の自己（セルフ）」となります。

「真の自己（セルフ）」は世界全体と恋人になります。あなたが世界に関心を持てば世界はあなたをケアしてくれるでしょう。

「真の自己（セルフ）」と共にあると、あなたは世界全体と恋人になります。
精神（スピリット）は物質世界の恋人であり、物質世界は精神の恋人です。どちらも、お互いのためにつくられました。お互いに支え合っているのです。

もし、あなたが物質にしがみつき、精神を軽んじれば、物質世界が不快に思えてくるでしょう。

もし、あなたが精神を重んじれば、世界に関心を持つようになるでしょう。

あなたが世界に関心を持てば、世界はあなたをケアしてくれるでしょう。


真実は、心の中に体があるのです。

プラーナ（生命エネルギー）は肉体の一〇倍あります。

そのプラーナの一〇倍の大きさとなるのが「心・思考」です。


私たちは体の中に心があると思っています。しかし、真実は、心の中に体があるのです。

あなたの「プラーナ（生命エネルギー）」は肉体の一〇倍あります。そして、そのプラーナの一〇倍の大きさとなるのが「心・思考」です。さらに、その一〇倍となるのが「直感」です。

そして、その何倍もの大きさとなるのが「至福」なのです。

私たちの「至福」の状態には境界がありません。ですから、あなたが喜びや幸せを感じている時、膨らんだように広がり、限界を感じなくなるのです。

しかし一方で、不幸せで悲しく感じている時には、自分がつぶれたように感じるでしょう。それは、あなたのエネルギーがあなたの本来の大きさよりも小さく縮んでいるからなのです。このエネルギーの変化が幸せの仕組みなのです。

自分の体より小さな穴をくぐり抜けることができないのと、同じことです。あなたの大きなエネルギー体を小さなものに押し込めようとすれば、不幸せな感覚になるのは自然なことなのです。

あなたが不幸を感じる時は、このような仕組みを思い出してください。

あなたの大きく偉大なエネルギー体を小さな容れ物に押し込めようとしていると

ころなのです。


生命そのものを尊敬しましょう。

私は、あらゆる人を丸ごと尊敬します。

ですから、その人がどうあろうと、敬意を失うことはできません。


なぜ、人を尊敬するのでしょうか？

その人に素晴らしいところがあるからですね？

たとえば、正直であるとか、智慧があるから、愛があるから、才能があるから、行いが良いから……、様々な素晴らしいところを見つけ、その人を尊敬するようになります。

しかし、これらの長所はすべて時と共に変わっていくものなのです。そして、それらが変わる時、敬意も失われます。

あなたはその人の素晴らしいところを尊敬しているに過ぎないのです。

私は、みなさん一人ひとりに対して、この上ない敬意を持っています。あなたが偉大で、智慧を備えていて、才能があるからではなく、あなたという人物そのものを尊敬しています。

私は、あらゆる人を丸ごと尊敬します。ですから、その人がどうあろうと、敬意を失うことはできません。

尊敬されるためには偉大でなければならない、ということはありません。

生命そのものを丸ごと尊敬しましょう。

生命を尊敬できるようになれば、それだけであなたは偉大になります。

この世界のすべてに愛は内在しています。愛によってこの世界は動いています。

この世界を統《す》べているものは、愛です。

存在の中心、核となるものが、この全宇宙を束ねています。太陽系の中心は太陽であり、その太陽が惑星を束ねているのと同じように、愛があなたの人生を束ねる核なのです。

愛とは、変わりゆく肉体や思考、揺れ動く感情を超越したものです。

あなたはとても精妙で精巧な存在なのです。その「あなた」という存在の中心であり、核となるものが愛なのです。

この核となる意識が全創造物を造っています。

そこには神の質（支配）があります。

花が咲くことも、鳥がひな鳥に餌を運ぶのも、鴨が卵をかえすのも、牛が子牛に優しくするのも、親猫が子猫の面倒を見るのも、すべて愛があるからです。

この世界のものすべてに愛は内在しています。愛によってこの世界は動いているのです。

イエス・キリストは「愛は神であり、神は愛である」と言いました。神も愛も同じなのです。

愛の中では石や木も語りかけてきます。石でも、それが人間味を帯びた時には見る人に敬う気持ちを起こさせるものです。

愛において、あなたは対象を、物でさえ生命へと高められます。あなたが対象を愛する時、それは生きたものとなるのです。

愛の中では石や木があなたに語りかけます。太陽、月、そして創造物すべてが生き生きとし、神々しいものとなります。

子供にとって、すべては人間味を帯びています。すべての対象を眺め、それを人間的なものにします。一つの石にも顔があり、太陽でさえも笑います。

あなたが対象に感情を与えると、すべての創造物は人間味を帯びたものとなります。

一方、感情を取り除いてしまうと、人間でさえも物となってしまいます。

いかにして人間が、他の人間を殺すことができるのでしょうか?

他人を人間として見ない時にのみ暴力が起こります。

彼らは人々を物として見ているのです。

軍事訓練において兵士たちは、向かってくる人間をただちに殺さねばならない危険な物体として見るように教え込まれます。

ところが、寺院では一片の石ですら霊のレベルに高められるのです。そして、石でも、それが人間味を帯びた時には、見る人に敬う気持ちを起こさせるのです。

みんな、限りない「借り」があるのです。
あなたが恩義を感じ、感謝していれば、
さらに多くの豊かさがやってくるでしょう。

あなたが今、借金を抱えているということは、何かを受け取ったということです。そうでなければ、借金できません。何かを受け取ったら、恩義を感じるべきです。いただいたことに感謝してください。

豊かになるほどに、より多くの恩義、「借り」を感じることでしょう。あなたが恩義を感じ、感謝していれば、さらに多くの豊かさがやってくるでしょう。

あなたは負債を抱えていると思っているかもしれませんが、実際はそうではありません。

しかし、自分は何から何まで「借り」でいっぱいだと思っていた方が良いのです。なぜなら、身体を含め、どんなわずかなものでも、自分のものだと思っているものは、実際あなたのものではないからです。

自分自身の身体や、智慧、生命も、自分が受け取ってきたものは、すべていただきものです。自分には限りない「借り」があると感じている時、あなたは創造主の豊かな恩恵を浴びています。

5章

この世界のために何ができるかを考える

（神と信仰に関する智慧）

神はすべての生命の内にいます。あなたという存在の中心には、この全世界をつかさどる神の力があります。

神はどこか空の上にいるわけではありません。

神は、すべての生命の内にいます。あなたの胸の最も奥にもいます。

あなたという存在の中心には、この全世界をつかさどる神の力があります。

あなたの周りで起こる出来事も、あなた自身の行動もすべて、あなたの命の中心を侵すことはできません。

その中心にある核の部分は純潔のままです。

イエス・キリストが処女から生まれたと伝えられているのは、この純潔の場所から生まれてきたという意味なのです。

この純潔の場所は、あなたの奥深くにあり、人生に起こるどんな出来事からも汚されることはありません。

心という意識の表面的な部分が、あなたの中心となる部分に祈りを捧げる時、あなたは神を体験します。

祈る時、あなたは誰に祈りますか？

自分自身に祈るのです。

祈りの中で心（マインド）は「真の自己（セルフ）」へと向かいます。

神、マスター、「真の自己（セルフ）」は同じなのです。

神はひとつではなく、たくさんいます。神の多様性を受け入れる時、あなた達は狂信的、あるいは原理主義者ではなくなります。

なぜ、あなたは神はひとつしか存在しないと思うのですか？　なぜ、神がたくさんいてはいけないのでしょうか？

神がそれ自身のイメージに合わせて人間を創造したのなら、それはどんなイメージなのでしょうか？

アフリカ人、モンゴル人、白人、日本人、あるいはフィリピン人でしょうか？

なぜ、いろいろなタイプの人種がいて、様々なものがあるのでしょうか？

ひとつのタイプだけの木、ひとつのタイプだけの蛇、蚊、花、生き物などがあるわけではありません。それが何であれ、様々なタイプがあります。

それなのに、なぜ神だけがひとつでなければならないのでしょうか？

創造界全体を顕現させ、多様性を愛する「意識」が、どうして変化のないものでありえるのでしょうか？

神は多様性を好んでいるようですから、神自身も無限のバラエティーに富んでいるはずです。神にも多様性があり、多くの名前、多くの形をとって現れます。

ある宗派では、神に様々な形で現れる自由を与えていません。

彼らは神がひとつのユニフォームだけを着るように望んでいます。

どうして、神や神霊には多様性がなく、ひとつのタイプしかないと考えるのでしょうか？

古代の人々はそのことを理解し、それゆえに彼らは神を無限の質、形として認識したのです。神は単調で退屈なものではありません。

創造界の基礎である神や神霊はダイナミックで、たえず変化しています。神はひとつではなく、たくさんいます。

神の多様性を受け入れる時、あなた達は狂信的、あるいは原理主義者ではなくなります。

信仰心とは、必要なものは常に与えられるということを認識することです。神に行動するチャンスを与えることです。

あなたが物質的に保障されていても、信仰心を持たない場合、トラブルに巻き込まれるでしょう。お金、仕事、家などを所有すること、これらは保障と見えても幻想に過ぎません。

信仰心とは、必要なものは常に与えられるということを認識することです。
信仰心とは神に行動するチャンスを与えることです。
あなたの身体はこの世界に属し、あなたの霊は神に属しています。
神性のみがあなたの唯一の保障なのです。

信仰心と愛があれば、
あなたは自動的に平安と自由が得られるのです。
神を信じることが祝福となるのです。

信じることとは、あなたの富です。信じることとは、あなたに強さを与えます。
信じることには、三つのタイプがあります。
一つ目は、自分自身を信じることです。もし自分自身を信じていないと、あなたは「私にはこれができない。これは私には向いていない。私はこの人生で幸せになることなどありえない」などと考えてしまいます。

二つ目は、世界を信じることです。この世界を信じていないと、あなたは動くことができなくなってしまうでしょう。銀行にお金を預金するのは、それが戻ってくるのを信じているからです。もし、あなたがすべてを疑うなら、何もできなくなるでしょう。

三つ目が、神を信じることです。あなたは神を信じれば、成長することができるでしょう。

これらの三つのタイプはつながっています。

強くあるためには、これらの三つが必要なのです。もし一つを疑い始めると、すべてを疑うようになります。

無神論者は、自分自身と世界を信じていて、神を信じていないようです。しかし、彼らは自分自身を完全に信じているわけではありません。

さらに、世界に対する信頼も常に安定しているわけではありません。世界は常に変化しているからです。

神、世界、あるいは自分自身に対する信頼の欠如は、恐れをもたらします。

神を信じることなしに世界を信じても、完全な平安はありえません。

神を信じることによって、あなたの中に愛が呼び起こされます。信仰心と愛があれば、あなたは自動的に平安と自由が得られるのです。

神を信じることは、あなたにとって祝福となるのです。

神への愛を花開かせましょう。
この宇宙そのものが神自身であり、自分の体も、
自分の心の混乱も、自分の美徳も、すべて神のものなのです。

どうしたら、神への愛を花開かせることができるのでしょうか?
それは神に委ね、身を任せることです。
第一に、神と自分とは別の存在だと見てみましょう。神と私、二人いてこそ「委ねる」ことができます。

自分は無力で何者でもないけれど、神という万能な存在がいるのだと感じたその時、「任せる」ことができます。

自分は無力で何者でもないという、この感覚はあなたを溶かします。そして、あなたは神とひとつになることができるのです。

このように一体感を感じている時、すべてのものが「神」なのだと、あなたは気づくことでしょう。そして、次第に「神」は「私」だと気づき始めるのです。

この宇宙そのものが神自身であり、自分の体も、自分の心の混乱も、自分の美徳も、すべて神のものなのです。

あなたの体、あなたの呼吸、あなたが体験しているすべての瞬間、良い考えも悪い考えも、悪癖や欠点、長所も、すべてを神に捧げてください。

みんなの二つの目の中に、神を見いだしてください。神だけが神を崇拝できるのです。

お互いのために、神になりましょう。

空のどこかに神を探すのではなく、みんなの二つの目の中に、山々に、水の流れに、木々に、そして動物たちに、神を見いだしてください。

あなたが自分自身の中に神を見る時だけ、このことが起こります。

神だけが、神を崇拝できるのです。

神性を認識するために、三次元が、時間、空間、心があるのです。

神とひとつになる瞬間。
あなたが神に出会ったり、すべてを委ねたりすると、
その瞬間にあなたは神になります。

川が海に出会う時、その川はもはや川ではありません。それは海となります。

大海の一滴は、その大海の一部をなしています。

同じように、あなた（帰依者）が神に出会ったり、すべてを委ねたりすると、その瞬間にあなた（帰依者）は神になります。

川が海に出会った時、川は初めから終わりまで海であったことを悟ります。

同じように「私は……」という「個」はひとつの神として溶け合います。

宇宙のすべてのものは「意識」から生まれ、「意識」の表れなのです。この全宇宙は、あなたに楽しみを与え、あなたを「解放」するためにあります。

すべてのものが「意識」から生まれ、現れてきました。花も草も何もかもが「意識」から生まれているのです。

私たちが目にするこの世界は、光で飾られているかのように、ひとつひとつがあなたにメッセージを運んでいます。「意識」がどれほど偉大かということをあなたに教えてくれているのです。

この世界のすべては「意識」の表れであり、絶えず躍動し動き続けているのです。

たとえば、山は静かで不動に見えますが、実際は山々にも絶え間ない活動があります。また、この宇宙に存在する原子はすべて動いています。
すべてのものは、ある決まった段階を経て進化します。すべてには道のりと段階があり、すべてがある原理に則って進化の道を辿るのです。

この全宇宙は、あなたに楽しみを与え、あなたを「解放」するためにあります。
あなたの身体が存在する唯一の理由は、あなたがどれほど素晴らしい存在なのかを、あなたに気づかせるためです。

そして、自分が望む価値観にあますことなく沿って生きることができ、自分の周りに神聖な世界を創ることができるのだということを、あなたに気づかせるため、この身体があるのです。

あらゆる行動が神聖なものとなれば、あなたは神と一体になっています。神を信じる人にとっては、あらゆる象徴や場所や人々、世界のあらゆるもののすべてが常に神聖なのです。

いつの時代のどのような文化においても、ある特定の場所や時節、人、象徴は神聖なものだと考えられてきました。

ネイティブ・アメリカンなどの部族は、地球や太陽、月、すべての方角を神聖なものと考えています。古代インドのしきたりでも、すべての川や山、それに動物たちや木々、ハーブも神聖なものだと考えました。

キリスト教徒にとって十字架やエルサレム、クリスマス、法王は神聖なものです。イスラム教徒にとって三日月やメッカ、ラマダン月は神聖なものです。ヒンドゥー教徒はガンジス川やヒマラヤ山脈、そして宗教家を神聖なものと考えます。

あなたが場所や時、人、象徴、あるいは行動を神聖なものと考えた時、あなたの注意は分散せず、ひとつになります。

物事がいつも通りで同じ内容だと、不注意や惰性に陥りがちです。しかし、あなたが神聖だと考えた瞬間、惰性は消え、より活発になります。


神聖な行為ほど、充足をもたらすものはありません。その神聖なる行為の中に、あなたの心と魂を置くのです。

あらゆる行動が神聖なものとなれば、あなたは神と一体になっていきます。するると、あなたの人生の一瞬一瞬が神聖になり、あなたの行くところすべてが神聖になり、あなたの行為すべてが神聖になり、あなたが出会う人はみんな、ただあなたの反映となるのです。


すべての創造物とあなたの一生は神聖なものです。神を信じる人にとっては、あらゆる象徴や場所や人々、世界のすべてが常に神聖なのです。
神聖さを持ちましょう！

「この世界から私は何を得られるだろう」と考えるかわりに、「この世界のために何ができるのか」を考えてください。あなたが世界のために生きている時、世界は幸福です。

あなたが時と共に成長していくなかで、あなたの意識も成長します。智慧を得て意識が拡大していくと、落ち込むことはできなくなります。あなたの最も奥にある源は、喜びそのものだからです。

私たちは自らを教育し、自分個人の意識を育まなければなりません。時と共に、智慧を得て大きく成長していかなければならないのです。

「私はどうなるのだろう。この世界から私は何を得られるだろう」と考えるかわりに、「この世界のために何ができるのか」を考えてください。そのような意識を育む必要があります。

すべての人が社会に貢献しようと考えるようになれば、神聖な社会になるでしょう。

あなたが世界のために生きている時、世界は幸福です。あなたは自分のためではなく、世界のために生きているのです。世界が何を必要とし、何を望んでいるにしろ、あなたはそのためにここにいるのです。

個人レベルから宇宙レベルの意識へと広がっていきましょう。

そのために必要なことは、他の人たちの悲しみや喜びを分かち合うことです。

個人レベルでの苦しみを乗り越えたければ、宇宙レベルの苦しみを共有してください！

個人レベルでの喜びを広げたければ、宇宙レベルの喜びを共有してください！

最も豊かな人とは、自分自身を分かち合う人です。人間の豊かさは分かち合う能力によって計ることができます。

貧しい人は食物のために争います。
豊かな人は自分の食物を分かち合います。
もっと豊かな人は権力を分かち合う人です。
さらに豊かな人は名誉をも分かち合います。
最も豊かな人とは、自分自身を分かち合う人です。
人間の豊かさは貯金ではなく、分かち合う能力によって計ることができます。

あなたの才能と仕事は、すべて、他の人々のためのものです。あなたが与えれば与えるほど、それだけ多くの力が与えられます。

あなたの才能すべては、他の人々のためのものです。
もしあなたの声が素晴らしければ、それは他の人々が聴くためです。
もし料理が上手なら、人々がそれを食べるためです。
もしあなたが本を書くなら、それは人々が読むためです。
もしあなたが優秀な大工なら、それは人々が使う建物を建てるためです。
もしあなたが優秀な医者なら、それは人々の病気を治すためです。
もしあなたが優秀な教師なら、それは人々を教えるためです。

あなたの才能と仕事は、すべて他の人々のためのものなのです。

あなたが与えれば与えるほど、それだけ多くの力が与えられます。

そして、もしあなたが自分自身の才能を生かすことがなければ、それらが再びあなたに与えられることはないでしょう。


賢い人はたとえ悪い時でも幸せです。

無知な人は良い時でさえ不幸せです。

あなたは時を良くも悪くも変えることができるのです。


喜んで奉仕する人は、悪い時でさえ良い時間を過ごすでしょう。

飢餓や戦争のような問題がある時も、赤十字の人たちは奉仕しているからこそ元気なのです。彼らはさらなる支援をもたらして、さらなる幸福を感じます。

利己的な人々、自分の快楽だけを欲する人々は、良い時でさえ惨めでしょう。

大抵パーティの主催者はパーティを楽しめません。

誰かを招き忘れたり、到着しない人がいたり、料理が遅かったり、ささいな失敗を起こしたりするからです。


賢い人はたとえ悪い時でも幸せです。

そして、無知な人は良い時でさえ不幸せです。

あなたは時を良くも悪くもするのです。たとえ占星術師が「今は希望の無い時です」と言ったとしても、あなたは良い時に変えることができるのです！

「時」は超越できるということ、神と繋がれば「時」を変えられるのだということを悟ってください。

今、宗教と政治の両方に改革が必要です。真の政治家は正義と愛の人であるべきです。宗教家は人間全体の幸せを願うべきです。

宗教の役目は、私たちを正義と愛の人間にすることです。宗教が崇拝する自由を制限し、崇拝の様式をも制限する時、それらの宗教は調和のある社会の創造には不向きとなります。

宗教がすべてを許容し、人々が祈り、崇拝する様式を完全に自由にさせるなら、その宗教は人々の中に正義と愛をもたらし、どのような社会にも適するものとなるでしょう。

ところが、多くの宗教は自由に崇拝する権利を与えず、すべての人間が平等になることを求めていません。ですから、人々は宗教と政治を分離させる必要があると考えるのです。

宗教が対立、闘争をもたらしたことを歴史は証明しています。

しかし、共産主義のような無宗教の社会は、混乱と腐敗をもたらしました。

宗教と政治が共存していない時、そこには腐敗した政治家と偽物の宗教的リーダーがいます。

今日、宗教と政治の両方に改革が必要です。

真の政治家は人々の健全な暮らしと幸福を守るため、正義と愛の人であるべきです。そのため必然的に宗教的であり、霊的になるべきです。

宗教家は人間全体の幸せを願うべきです。崇拝の自由を認め、世界のあらゆる叡《えい》智《ち》を包含《ほうがん》することによって、もっと視野を広げ、より霊的になるべきです。

無神論者は、神が存在しないことを証明せずに、神を否定します。聡明な人は、人生や宇宙のあらゆる不思議を除外することができず、無神論者になることができません。

無神論は現実的ではなく、ただ便宜上の問題です。あなたが探究精神を持ったり、真実を探究したりすると、無神論は砕け散ってしまいます。

無神論者は、神が存在しないことを証明せずに、神を否定します。神を否定するためには膨大な知識を持たねばならず、それを得た時には神を否定できなくなります。

あるものが存在しないことを言うためには、あなたは宇宙全体について知らなければなりません。そうしないと、決して一〇〇パーセントの無神論者にはなれません。

無神論者は、自分自身を信じるしかありません。

無神論者がより深いところに向かうと「空」と出会います。そこはあらゆる可能性を秘めた場であり、そこには自分の知らない秘密が数多くあるということを受け入れざるをえなくなります。

そして、無神論者は自分の無神論を疑い始めることになるのです。

聡明な人は、人生や宇宙のあらゆる不思議を除外することができず、そのため無神論者になることができません。

シュリ・シュリ・ラビ・シャンカール師による
スダルシャンクリヤ呼吸法

ストレスに有効で、さまざまな臓器や器官の働きを助け、精神を落ち着かせる呼吸法

アートオブリビング財団

健康な生活を送るための習慣や食物の知識は誰もがそれなりに持っているし、対策も講じているでしょう。しかし一方で、慢性的なストレスに関しては、一般の方々は見過ごしてしまいがちです。

今日、身体と心については世界中で広く研究されていて、ストレスがあらゆる生理機能に影響を与えることが明らかにされています。慢性的なストレスは心身共に様々な形で悪影響を与え、命に関わる病気を引き起こすことがあるのです。

ですから、合理的にストレスを解消し、その悪影響を取り除く手法も世界各地で研究されています。ストレス管理・健康増進プログラムの中でも効果が高いとされ

ているものに、ヨガの呼吸法を使ったプログラムがあります。

呼吸は、身体器官内のストレスや不純物を取り除き、心に明晰さと集中力を与える有効なツールです。体内にたまる感情的もしくは物質的な排出物の八〇％以上は、呼吸によって取り除かれていると言われています。

しかし、多くの人が肺の三五％しか活用していないとも言われています。呼吸には排毒し浄化する作用があるにもかかわらず、呼吸を活用できていないのです。

私たちが肉体的、そして感情的にどう感じるかということにも、呼吸は大きな影響を持っています。心身医学の進歩により、さまざまな感情には独自の呼吸パターンがあることも証明されています。

たとえば、怒りを感じる場合は息は短く速いのです。ですから、その反対に異なるパターンの呼吸を通じて感情に影響を与え、心の制御を行うことも可能なのです。

具体的には呼吸を整えれば良いのです。一流のスポーツ選手が真剣勝負の場面で深呼吸をするのは、とても理にかなっているのです。

今日では、ヨガや座禅によって深く長い呼吸をすることで、心を穏やかにする影響は広く知られるところです。ストレスを解消し、負の感情を処理し、生理機能を高め、病気のない健康な状態を維持・増進していくために、呼吸は有効利用できるのです。

最近のストレス管理・健康増進プログラムの研究でも、呼吸法には健康を回復・増進させる多大な効果が認められ、また治療の補助として使うことで、一層の健康を育むことができるとされています。

ヨガの大家であるシュリ・シュリ・ラビ・シャンカール師によって一九八二年から普及している呼吸法が「スダルシャンクリヤ呼吸法（Sudarshan Kriya)」です。アートオブリビング財団によって、日本を含む一五七カ国で指導され、この呼吸法をはじめとする各種プログラムは、全世界で三億七千万人以上が受講しています。

「スダルシャンクリヤ呼吸法」の現代医療科学による研究は、欧米やインドなど、世界各国の大学や病院、研究機関でおこなわれており、学術専門誌や、Pub Med（※）などで審査・発表されています。

ストレスに有効で、さまざまな臓器や器官系の働きを助け、精神を落ち着かせるなど、身体・精神システムの働きを高めることが、研究結果として数多く報告されています。

健康を維持・増進していくテクニックとして、また病気治療の補助療法として利用できることが示されています。

※Pub Med：NLM（米国国立医学図書館：National Library of Medicine）内のＮＣＢＩ（国立生物科学情報センター：National Center for Biotech-nology Information）作成のデータベース

呼吸法と瞑想の効用

(1)ストレスを感じたり怒りを感じたりがなくなり精神的に安定した

（アートオブリビング・ジャパン代表理事）
モハン・ゴーパール

私がアートオブリビングに出会って良かったと思うのは、健康的になったということも一つなのですが、やはり精神的に安定したことです。ストレスを感じたり、イライラしたり、怒りを感じるとかがなくなったのです。たまにそういうことがあっても、昔よりずっと早く平静に戻れるようになりました。

それも大変なヨガのポーズをしたり、修行したりするのではなく、簡単な呼吸法と瞑想をして、そして智慧を学んだおかげなのです。

私は一九九一年から日本でインドのＩＴ企業の日本支社を担当していたのですが、仕事関係と個人的な生活のストレスが溜まり、一九九五年の冬、突然鼻血が止まらなくなりました。パニックに陥り、病院にも通ったのですが、翌年二月に出張でインドへ行く機会があり、薬ではなくヨガで治すことができたらと思いました。そして、知り合いの叔父さんにアートオブリビングのことを教えていただいたのです。

呼吸法を取得できる五日間のコースに参加し、それは素晴らしい体験でした。日本に戻っても呼吸法は続け、半年後にまたインドへ出張した際、バンガロールの本部で深い瞑想を体験出来る五日間の上級コースに参加したのです。この上級コースは、それまでに経験したことがない素晴らしい体験で、この世の中のどんなストレスにも対応できるという自信がつきました。

呼吸法を学んだら、その次のステップとして深い瞑想を体験する上級コースに進むことをお勧めします。

現代社会では年末年始に休みを取る人も多いし、世界各地の観光地へ行く人もいます。あるいは、どこかのリゾート地に入ってリラックスして、ちょっと観光したり、買い物したり。

でも、戻ってきて「また明日から仕事か」と思うと、しんどいのです。たくさんお金をかけてあちこちへ行って、ゆっくりしたのに、帰ってきたら「疲れた。また明日から仕事か」と悲しい顔になります。だいたい、そういうパターンが多いでしょう。

しかし、この上級コースに参加して帰ってきたら、反応が違うのです。「疲れた」とは思わない、エネルギッシュになっていて、「明日から仕事ね、やりましょう！」という気持ちになります。

人々がいろいろな問題点や疲れとか、すべて持ってホリデーに入るように、上級コースに参加する人も、落ち込んでいる人もいるし、疲れている人もいます。最初は「どうしてここへ来たのだろう。リゾート地に行った方が良かった」と思うかもしれません。でも、終わったら、「不思議なくらいリフレッシュできた」「なんていう幸せ」と思えるようになるのです。

しかし、日常の生活に戻ると、またいろいろなストレスを溜めてしまうものです。ですから、定期的に上級コースに年二回くらい参加した方が良いと思います。

上級コースの後は、仕事に行っても、ホリデーに行っても、学校に行っても、どこに行っても見る目が変わるのです。「どうやって、この問題点の解決をしよう」と思っていたことが、「えっ、これはすぐ解決できます」と、心の持ち方が変わります。

あらゆるものが、もっともっと美しく見えます。

呼吸法と瞑想の効用

(2)私たちは守られていることを知り、人間には無限の可能性があることを知った

（アートオブリビング財団講師、アートオブリビング企業向け研修コーディネーター、大手外資系証券株式営業本部ディレクター）

キールタナ・マリアパン

アートオブリビング財団に出会い、呼吸法や瞑想を知って一番素晴らしかったと思うことは、私たちは守られている存在であることを知り、天の恩恵を感じるきっかけになったことです。そして、人間には無限の可能性があると、気づいたことです。「感謝」という言葉の意味が、自分の中で一層深い体験となりました。

アートオブリビングの呼吸法や瞑想をやっているから守られているということではなく、「すでに、守られている」ということに気づかせてくれたのです。人生で

は、この信念が軸になると思います。


日本の雑誌の取材で、アートオブリビング財団の創立者であるシュリ・シュリさん（シュリ・シュリ・ラヴィ・シャンカール師）はこう語っています。

「私がみなさんに教えることは、内側の本質に気づいて目覚めるためのものです」

彼はヨガについてこう語っています。

「人間が持つ可能性が完全に花ひらいた状態をヨガと言います」

私も呼吸法や瞑想を知った時、自分が今までずっと待っていた可能性に出会えたと同時に、やっと家に戻れたような気持ちになりました。

シュリ・シュリさんは言っています。

「呼吸法は汚れた鏡を拭くことです。瞑想は綺麗になった鏡で自分の顔を見つめることです」

ごく自然な「私」という感覚、それが現代の社会では失われている気がします。

自分の価値が、自分が持っている（物理的な）ものから来るのだと勘違いしてしまいます。素晴らしい私を作ろうとして、綺麗な服を着たり、高いカバンを買ったりする。誰々と友達になったとか、誰々と一緒にいるだとか。一般的な理想や概念に合わせて生きようと無理すると、どんどん「私」の心は細く、誰もが求める本当の心地良さをなかなか味わえないのです。

シュリ・シュリさんは言っています。

「人生は、一つの完璧から次のレベルの完璧へ行く道です」

呼吸法と瞑想の習慣は、「今の自分も十分に素晴らしい存在。そして、次にレベルアップして目指したいところがある」という風に感じられて、心の余裕をもたらしてくれます。そうすると、本当のいいところ・悪いところを含めて自分を知って、自分をより表現する生き方ができると思います。

人と比べて自分がすごくできている・できていない、ということで自分を判断したり、相手を判断したり、不安になることも、プライドが高くなることもありません。人の存在を外見だけで判断していると、コミュニケーションの取れる範囲が限られてしまうし、非常にもったいないことです。

自分の心をよく観察してみると、いつも過去や未来に揺れていませんか。これはすごくエネルギーを使うので疲れます。良いことを思い出したり、悪いことを思い出して怒りや罪悪感を感じたり。未来のことを考えて不安になったり。この過去、未来に揺れる繰り返しが、ストレスの原因にもなります。

でも、人生はどこにありますか。過去でも未来でもなく「今」にあります。

呼吸は常に「今この瞬間」にあります。頭で考えて「今」を意識するよりも、呼吸を上手に使って、心を「今」に連れ戻すのです。

どこにいても、誰と一緒にいても、落ち着いた心でナチュラルな自分でいることができると、人生はより自由で幸せです。まずは、自分の内側とのつながりから始まります。人とつながるためには、まず自分が落ち着くこと、自分の内側がしっかり安定しなければなりません。

それには、呼吸法と瞑想が非常に役に立つし、手っ取り早いのです。

呼吸法と瞑想の効用

(3)リーマンショックの時救われ、もっと広い視野から物事を見られるようになった

（アートオブリビング財団講師、アートオブリビング企業向け研修コーディネーター、
大手外資系証券株式営業本部ディレクター）
キールタナ・マリアパン

社会人になる前にシュリ・シュリさん（シュリ・シュリ・ラヴィ・シャンカール師）、アートオブリビング、呼吸法や瞑想に出会えたことは本当にラッキーでした。ビジネスの世界でも、その大きな効果を感じています。

二〇〇八年、リーマンショックで世界中が混乱していた時、私は大手米系会社（全世界に約三〇〇〇の支店をもつ世界最大の金融会社の一つ）にいました。二〇〇八年の初めからリストラが始まりました。

人生で初めてそういうものを体験し、周りの人がどんどんいなくなることに私はショックを受けました。しかし、呼吸法と瞑想、シュリ・シュリさんの教え（智慧）にものすごく救われました。もっと広い視野から物事を見られるようになり、コントロールできないことを心配するよりも、会社のその状況に必要な動きをすること、与えられた仕事をきちんとこなすこと、また職を失った人のサポートもすることに意識を向けました。

世界的にもどんどん状況は悪くなり、リーマンブラザースが潰れ、私の会社が次じゃないかという噂もあり、すごく危ない状況に来ていたのです。チームは九人から六人になり、最終的に三人になりました。

ちょうどその頃、十一月にシュリ・シュリさんがバリ島へ来て、アジア地域の奉仕のミーティングがあり、私も参加したのです。

その時、今の仕事を続けるべきかどうか悩んでいたので、シュリ・シュリさんに相談しました。「続けなさい」と言われ、心が安定しました。驚いたことに、翌朝、携帯のメールに会社から私の隣にいた上司が首になったと連絡がありました。

会社で事情を聞いたら、そのチームで誰かがいなくならなければいけない状況だったそうで、上司か私の二人のうちのどちらかということになっていたそうです。まさに、そういうタイミングだったのです。

それからは社内での役目が変わって、それまで以上に残った人々との関係が深くなっていき、いろいろな学びがあり、いろいろ貢献もでき、仕事の時間が楽しくなりました。ですから、残る意味もあったのだと思いました。

ヨガ・呼吸・瞑想という精妙な世界に触れているのに、金融業界で働くという自分の中の葛藤が溶け始めたのはこの時でした。

今は欧州系証券会社の株式営業本部でディレクターとして働いています。

金融の世界はすごく競争が激しいし、お金の倫理で動いています。もちろん、お金は大事なのですが、全てはお金だけではない、ということを学びました。

お金や物理的な物よりも、私たちの存在の方が永遠でずっと大きい。これに気づくと、結果に執着しすぎないで、より一所懸命仕事に取り組み一〇〇％力を出せるし、競争や失敗を恐れず、誠実に仕事ができます。

しっかり、自分というものに繋がっていると、自然に仕事に対する態度も変わります。いつも楽しいことばかりではないけど、自分の仕事への愛と尊敬を持てると、アプローチが変わり、仕事の関係者とのコミュニケーションもうまくいくようになります。

また、呼吸法や瞑想をしていると、集中力が高まるし、感情のブレがとても少なくなるので、仕事する上でも効率が大変上がります。絶対怒らない、絶対あくせくしないなど、人間ですからありえないのですが、回数は非常に減りますし、平常心への戻りが早いのです。悔やんだり怒ったりするより、起こったことから学び、解決と改善するためにどうすべきか、と考えられるようになり、引きずらないでフレッシュでいられるのです。

また、ビジネスの世界でも直感というものは非常に大事ですし、それは瞑想から生まれます。

私は会社でも、ティータイムの代わりに二〇分間、瞑想したりします。午後になると仕事の疲れが溜まってきますが、瞑想することで頭が切り替わり、心身共にリフレッシュできるのです。フレッシュなマインドで、淡々と次の仕事がこなせるようになり、非常にお得なのです。

私はずっと金融というチャレンジの世界にいるのですが、時間のマネジメント、心のマネジメントができているのは、間違いなく呼吸法や智慧に出会えたおかげです。

自分のためだけに生きるよりも、もっと大きいビジョンを持って、世界のために役に立てる存在になりたいと思うのも、シュリ・シュリさんから受けたインスピレーションです。

彼のモットー「世界中の人々の笑顔が見たい」に共感して、手伝いたいと思って日々アートオブリビングの活動に深く関わっています。

★「スダルシャンクリヤ呼吸法」を習得するには

アートオブリビング財団は、日本各地でも「スダルシャンクリヤ呼吸法」やヨガの教室を開催しています。「ハピネスプログラム」が「スダルシャンクリヤ呼吸法」の入門プログラムになります。一日三時間で、三日間のコースです。

アートオブリビング財団のＨＰをご参照ください。

アートオブリビング財団 https://www.artofliving.org/jp-ja

ヨガ大聖者からの贈り物
幸せに生きる智慧

著　者　シュリ・シュリ・ラヴィ・シャンカール
　　　　アートオブリビング財団
発行者　真船美保子
発行所　KK ロングセラーズ
　　　　東京都新宿区高田馬場 2-1-2　〒 169-0075
　　　　電話（03）3204-5161(代)　振替 00120-7-145737
　　　　http://www.kklong.co.jp
　　　　編集協力／竹森良一

印刷・製本　大日本印刷(株)
落丁・乱丁はお取り替えいたします。※定価と発行日はカバーに表示してあります。
ISBN978-4-8454-2453-5　Printed In Japan 2020